Wladimir Kaminer

Russendisko

D0040138

GOLDMANN
MANHATTAN

Umwelthinweis:
Alle bedruckten Materialien dieses Taschenbuches
sind chlorfrei und umweltschonend.

Manhattan Bücher erscheinen
im Wilhelm Goldmann Verlag, München,
einem Unternehmen
der Verlagsgruppe Random House GmbH

11. Auflage
Taschenbuchausgabe Juli 2002
Copyright © 2000 by Wladimir Kaminer
Copyright © der deutschsprachigen Ausgabe 2000 by
Wilhelm Goldmann Verlag, München,
in der Verlagsgruppe Random House GmbH
Die Nutzung des Labels Manhattan erfolgt mit freundlicher
Genehmigung des Hans-im-Glück-Verlags, München
Umschlaggestaltung: Design Team München
Druck: GGP Media, Pößneck
Titelnummer: 54175
AB · Herstellung: Sebastian Strohmaier
Made in Germany
ISBN 3-442-54175-1
www.goldmann-verlag.de

Inhalt

Russen in Berlin

Im Sommer 1990 breitete sich in Moskau ein Gerücht aus: Honecker nimmt Juden aus der Sowjetunion auf, als eine Art Wiedergutmachung dafür, dass die DDR sich nie an den deutschen Zahlungen für Israel beteiligte. Laut offizieller ostdeutscher Propaganda lebten alle Alt-Nazis in Westdeutschland. Die vielen Händler, die jede Woche aus Moskau nach Westberlin und zurück flogen, um ihre Import-Exportgeschäfte zu betreiben, brachten diese Nachricht in die Stadt. Es sprach sich schnell herum, alle wussten Bescheid, außer Honecker vielleicht. Normalerweise versuchten die meisten in der Sowjetunion ihre jüdischen Vorfahren zu verleugnen, nur mit einem sauberen Pass konnte man auf eine Karriere hoffen. Die Ursache dafür war nicht der Antisemitismus, sondern einfach die Tatsache, dass jeder mehr oder weniger verantwortungsvolle Posten mit einer Mitgliedschaft in der Kommunistischen Partei verbunden war. Und Juden hatte man ungern in der Partei. Das ganze sowjetische Volk marschierte im gleichen Rhythmus wie die Soldaten am Roten Platz – von einem Arbeitssieg zum nächsten, keiner konnte aussteigen. Es sei denn, man war Jude. Als solcher durfte man, rein theoretisch zumindest, nach Israel auswandern. Wenn das ein Jude machte, war es – fast – in Ordnung. Doch wenn ein Mitglied der Partei einen Ausreiseantrag stellte, standen die anderen Kommunisten aus seiner Einheit ziemlich dumm da.

Mein Vater, zum Beispiel, kandidierte viermal für die Partei, und jedes Mal fiel er durch. Er war zehn Jahre lang stellvertretender Leiter der Abteilung Planungswesen in einem Kleinbetrieb und träumte davon, eines Tages Leiter zu werden. Dann hätte er insgesamt 35 Rubel mehr gekriegt. Aber einen parteilosen Leiter der Abteilung Planungswesen konnte sich der Direktor nur in seinen Albträumen vorstellen. Außerdem ging es schon deshalb nicht, weil der Leiter jeden Monat über seine Arbeit auf der Parteiversammlung im Bezirkskomitee berichten musste. Wie sollte er da überhaupt reinkommen – ohne Mitgliedsausweis? Mein Vater versuchte jedes Jahr erneut in die Partei einzutreten. Er trank mit den Aktivisten literweise Wodka, schwitzte sich mit ihnen in der Sauna zu Tode, aber alles war umsonst. Jedes Jahr scheiterte sein Vorhaben an demselben Felsen: »Wir schätzen dich sehr, Viktor, du bist für immer unser dickster Freund«, sagten die Aktivisten. »Wir hätten dich auch gerne in die Partei aufgenommen. Aber du weißt doch selbst, du bist Jude und kannst jederzeit nach Israel abhauen.« »Aber das werde ich doch nie tun«, erwiderte mein Vater. »Natürlich wirst du nicht abhauen, das wissen wir alle, aber rein theoretisch gesehen wäre es doch möglich? Stell dir mal vor, wie blöde wir dann schauen.« So blieb mein Vater für immer ein Kandidat.

Die neuen Zeiten brachen an: Die Freikarte in die große weite Welt, die Einladung zu einem Neuanfang bestand nun darin, Jude zu sein. Die Juden, die früher an die Miliz Geld zahlten, um das Wort Jude aus ihrem Pass entfernen zu lassen, fingen an, für das Gegenteil Geld auszugeben. Alle Betriebe wünschten sich auf einmal einen jüdischen Direktor, nur er konnte auf der ganzen Welt Geschäfte machen. Viele Leute verschiedener Nationalität wollten plötzlich Jude werden und nach Amerika, Kanada oder Österreich auswandern. Ostdeutschland kam etwas später dazu und war so etwas wie ein Geheimtipp.

Ich bekam den Hinweis vom Onkel eines Freundes, der mit Kopiergeräten aus Westberlin handelte. Einmal besuchten wir ihn in seiner Wohnung, die wegen der baldigen Abreise der ganzen Familie nach Los Angeles schon leer geräumt war. Nur ein großer teurer Fernseher mit eingebautem Videorecorder stand noch mitten im Zimmer auf dem Boden. Der Onkel lag auf einer Matratze und sah sich Pornofilme an.

»In Ostberlin nimmt Honecker Juden auf. Für mich ist es zu spät, die Richtung zu wechseln, ich habe

11

schon alle meine Millionen nach Amerika abtranspor-
tiert«, sagte er zu uns. »Doch ihr seid jung, habt nichts,
für euch ist Deutschland genau das Richtige, da wim-
melt es nur so von Pennern. Sie haben dort ein stabi-
les soziales System. Ein paar Jungs mehr werden da
nicht groß auffallen.«

Es war eine spontane Entscheidung. Außerdem war
die Emigration nach Deutschland viel leichter als nach
Amerika: Die Fahrkarte kostete nur 96 Rubel, und für
Ostberlin brauchte man kein Visum. Mein Freund
Mischa und ich kamen im Sommer 1990 am Bahnhof
Lichtenberg an. Die Aufnahme verlief damals noch
sehr demokratisch. Aufgrund der Geburtsurkunde, in
der schwarz auf weiß stand, dass unsere beiden Eltern
Juden sind, bekamen wir eine Bescheinigung in einer
extra dafür eingerichteten Westberliner Geschäftsstelle
in Marienfelde. Dort stand, dass wir nun in Deutschland als Bürger jüdischer Herkunft anerkannt waren.
Mit dieser Bescheinigung gingen wir dann zum ostdeutschen Polizeipräsidium am Alexanderplatz und
wurden als anerkannte Juden mit einem ostdeutschen
Ausweis versehen. In Marienfelde und im Polizeipräsidium Berlin Mitte lernten wir viele gleichgesinnte
Russen kennen. Die Avantgarde der fünften Emigra-
tionswelle.

Die erste Welle, das war die Weiße Garde während
der Revolution und im Bürgerkrieg; die zweite Welle
emigrierte zwischen 1941 und 1945; die dritte be-

stand aus ausgebürgerten Dissidenten ab den Sechzigerjahren; und die vierte Welle begann mit den über Wien ausreisenden Juden in den Siebzigerjahren. Die russischen Juden der fünften Welle zu Beginn der Neunzigerjahre konnte man weder durch ihren Glauben noch durch ihr Aussehen von der restlichen Bevölkerung unterscheiden. Sie konnten Christen oder Moslems oder gar Atheisten sein, blond, rot oder schwarz, mit Stups- oder Hakennase. Ihr einziges Merkmal bestand darin, dass sie laut ihres Passes Juden hießen. Es reichte, wenn einer in der Familie Jude oder Halb- oder Vierteljude war und es in Marienfelde nachweisen konnte.

Und wie bei jedem Glücksspiel war auch hier viel Betrug dabei. In dem ersten Hundert kamen alle möglichen Leute zusammen: ein Chirurg aus der Ukraine mit seiner Frau und drei Töchtern, ein Bestattungsunternehmer aus Vilna, ein alter Professor, der für die russischen Sputniks die Metall-Außenhülle zusammengerechnet hatte und das jedem erzählte, ein Opernsänger mit einer komischen Stimme, ein ehemaliger Polizist sowie eine Menge junger Leute, »Studenten« wie wir.

Man richtete für uns ein großes Ausländerheim in drei Plattenbauten von Marzahn ein, die früher der Stasi als eine Art Erholungszentrum gedient hatten. Dort durften nun wir uns bis auf weiteres erholen. Die Ersten kriegen immer das Beste. Nachdem sich

Deutschland endgültig wiedervereinigt hatte, wurden die neu angekommenen Juden gleichmäßig auf alle Bundesländer verteilt. Zwischen Schwarzwald und Thüringerwald, Rostock und Mannheim. Jedes Bundesland hatte eigene Regeln für die Aufnahme.

Wir bekamen die wildesten Geschichten in unserem gemütlichen Marzahn-Wohnheim zu hören. In Köln, zum Beispiel, wurde der Rabbiner der Synagoge beauftragt, durch eine Prüfung festzustellen, wie jüdisch diese neuen Juden wirklich waren. Ohne ein von ihm unterschriebenes Zeugnis lief gar nichts. Der Rebbe befragte eine Dame, was Juden zu Ostern essen. »Gurken«, sagte die Dame, »Gurken und Osterkuchen.« »Wie kommen Sie denn auf Gurken?«, regte sich der Rebbe auf. »Ach ja, ich weiß jetzt, was Sie meinen«, strahlte die Dame, »wir Juden essen zu Ostern Matze.« »Na gut, wenn man es ganz genau nimmt, essen die Juden das ganze Jahr über Matze, und auch mal zu Ostern. Aber wissen Sie überhaupt, was Matze ist?«, fragte der Rebbe. »Aber sicher doch«, freute sich die Frau, »das sind doch diese Kekse, die nach altem Rezept aus dem Blut von Kleinkindern gebacken werden.« Der Rebbe fiel in Ohnmacht. Manchmal beschnitten sich irgendwelche Männer sogar eigenhändig, einzig und allein, um solche Fragen zu vermeiden.

Wir, als die Ersten in Berlin, hatten das alles nicht nötig. Nur ein Schwanz aus unserem Heim musste dran glauben, der von Mischa. Die jüdische Gemeinde

14

Berlins hatte unsere Siedlung in Marzahn entdeckt und lud uns jeden Samstag zum Essen ein. Besonders viel Aufmerksamkeit bekamen die jüngeren Emigranten. Von der Außenwelt abgeschnitten und ohne Sprachkenntnisse lebten wir damals ziemlich isoliert. Die Juden aus der Gemeinde waren die Einzigen, die sich für uns interessierten. Mischa, mein neuer Freund Ilia und ich gingen jede Woche hin. Dort, am großen gedeckten Tisch, standen immer ein paar Flaschen Wodka für uns bereit. Es gab nicht viel zu essen, dafür war alles liebevoll hausgemacht.

Der Chef der Gemeinde mochte uns. Ab und zu bekamen wir von ihm hundert Mark. Er bestand darauf, dass wir ihn zu Hause besuchten. Ich habe damals das Geld nicht angenommen, weil mir bewusst war, dass es dabei nicht um reine Freundschaft ging, obwohl er und die anderen Mitglieder der Gemeinde mir sympathisch waren. Aber es handelte sich um eine religiöse Einrichtung, die auf der Suche nach neuen Mitgliedern war. Bei einer solchen Beziehung wird irgendwann eine Gegenleistung fällig. Ich blieb samstags im Heim, röstete Esskastanien im Gasherd und spielte mit den Rentnern Karten. Meine beiden Freunde gingen jedoch immer wieder zur Gemeinde hin und freuten sich über die Geschenke. Sie freundeten sich mit dem Chef an und aßen mehrmals bei ihm zu Hause Mittag. Eines Tages sagte er zu den beiden: »Ihr habt euch als gute Juden erwiesen, nun müsst ihr

euch auch beschneiden lassen, dann ist alles perfekt.«
»Da mache ich nicht mit«, erwiderte Ilia und ging. Der
eher nachdenkliche Mischa blieb. Von Gewissensbis-
sen geplagt, wegen des angenommenen Geldes und
der Freundschaft zum Gemeindevorsitzenden musste
er nun für alle unsere Sünden büßen – im jüdischen
Krankenhaus von Berlin. Hinterher erzählte er uns,
dass es gar nicht weh getan und angeblich sogar noch
seine Manneskraft gesteigert hätte. Zwei Wochen
musste er mit einem Verband herumlaufen, aus dem
ein Schlauch herausguckte.

Am Ende der dritten Woche versammelte sich die
Hälfte der männlichen Belegschaft unseres Heimes im
Waschraum. Alle platzten vor Neugierde. Mischa prä-
sentierte uns seinen Schwanz – er war glatt wie eine
Wurst. Stolz klärte uns Mischa über den Verlauf der
Operation ab: Die Vorhaut war mit Hilfe eines Laser-
strahls entfernt worden, völlig schmerzlos. Doch die
meisten Anwesenden waren von seinem Schwanz enttäuscht. Sie hatten mehr erwartet und rieten Mischa,
das mit dem Judentum sein zu lassen, was er dann später auch tat. Manche Bewohner unseres Heims dachten, das kann alles nicht gut ausgehen und fuhren wieder nach Russland zurück.

Keiner konnte damals verstehen, wieso uns ausgerechnet die Deutschen durchfütterten. Mit den Vietnamesen zum Beispiel, deren Heim auch in Marzahn
und gar nicht weit von unserem entfernt stand, war

alles klar: Sie waren die Gastarbeiter des Ostens, aber die Russen? Vielleicht war es bei den ersten Juden im Polizeipräsidium am Alex nur ein Missverständnis, ein Versehen, und dann wollten die Beamten es nicht zugeben und machten brav weiter? So ähnlich wie beim Fall der Mauer? Aber wie alle Träume ging auch dieser schnell zu Ende. Nach sechs Monaten schon wurden keine Aufnahmen mehr vor Ort zugelassen. Man musste in Moskau einen Antrag stellen und erst einmal ein paar Jahre warten. Danach wurden Quoten eingeführt. Gleichzeitig wurde hinterher per Beschluss festgelegt, dass alle Juden, die bis zum 31. Dezember 1991 eingereist waren, als Flüchtlinge anerkannt werden und alle Rechte eines Bürgers genießen sollten, außer dem Recht zu wählen.

Aus diesen Juden und aus den Russlanddeutschen bestand die fünfte Welle, obwohl die Russlanddeutschen eine Geschichte für sich sind. Alle anderen Gruppierungen – die russischen Ehefrauen oder Ehemänner, die russischen Wissenschaftler, die russischen Prostituierten sowie die Stipendiaten bilden zusammen nicht einmal ein Prozent meiner hier lebenden Landsleute.

Wie viele Russen gibt es in Deutschland? Der Chef der größten russischen Zeitung in Berlin sagt, drei Millionen. Und 140 000 allein in Berlin. Er ist aber nie richtig nüchtern, deswegen schenke ich ihm keinen Glauben. Er hat auch schon vor drei Jahren drei Millionen gesagt. Oder waren es damals vier? Aber es stimmt schon, die Russen sind überall. Da muss ich dem alten Redakteur Recht geben, es gibt eine Menge von uns, besonders in Berlin. Ich sehe Russen jeden Tag auf der Straße, in der U-Bahn, in der Kneipe, überall. Eine der Kassiererinnen im Supermarkt, in dem ich einkaufen gehe, ist eine Russin. Im Friseursalon ist auch eine. Ebenso die Verkäuferin im Blumenladen. Der Rechtsanwalt Grossman, auch wenn man es bei dem kaum glauben mag, ist ursprünglich aus der Sowjetunion gekommen, so wie ich vor zehn Jahren.

Gestern in der Straßenbahn unterhielten sich zwei Jungs ganz laut auf Russisch, sie dachten, keiner versteht sie. »Mit einem 200 mm-Lauf kriege ich das nicht hin. Er ist doch ständig von vielen Menschen umgeben.« »Dann solltest du einen 500er nehmen.« »Aber ich habe doch nie mit einem 500er gearbeitet!« »Gut, ich rufe morgen den Chef an und bestelle eine Gebrauchsanweisung für den 500er. Ich weiß aber nicht, wie er reagieren wird. Besser ist es, du versuchst es mit dem 200er. Man kann es doch noch einmal probieren!« Man kann.

Geschenke aus der DDR

Meine Eltern und ich lebten lange Zeit hinter dem Eisernen Vorhang. Die einzige Verbindung zum westlichen Ausland war die Fernsehsendung »Das Internationale Panorama«, die jeden Sonntag im ersten Programm gleich nach der »Stunde der Landwirtschaft« kam. Der Moderator, ein übergewichtiger und immer etwas gestresster Politologe, war schon seit Jahren in einer wichtigen Mission unterwegs: meinen Eltern und Millionen anderer Eltern den Rest der Welt zu erklären. Jede Woche bemühte er sich, alle Widersprüche des Kapitalismus in vollem Ausmaß auf dem Bildschirm zu zeigen. Doch der Mann war so dick, dass das ganze Ausland hinter ihm kaum zu sehen war.

»Dort, hinter dieser Brücke schlafen die hungrigen Arbeitslosen in alten Pappkisten, während da oben auf der Brücke, wie Sie sehen, die Reichen in großen Autos zu ihren Vergnügungsorten fahren!«, berichtete der Dicke zum Beispiel in seiner Sendung »New York – eine Stadt der Kontraste«. Wir starrten wie gebannt auf den Bildschirm: Ganz oben war ein Stück von der

Brücke zu sehen und einige Autos, die sie überquerten. Das geheimnisvolle Ausland sah nicht besonders gut aus, unser Mann hatte es dort sicher nicht leicht. Aus irgendeinem Grund wollte der Politologe aber seinen Job trotz des ganzen Elends in der westlichen Welt nicht hinschmeißen und fuhr Jahr für Jahr immer wieder hin. Wenn er gerade mal arme Länder besuchte, lobte er die Werte der Kollektivität und der Solidarität. »Dort, hinter meinem Rücken«, berichtete der Dicke beispielsweise aus Afrika, »greifen die Affen die Menschen an, und die Affen sind unbesiegbar, weil sie zusammenhalten.«

Unsere Familie hatte noch eine andere halblegale Quelle, aus der die Informationen über das Leben im Ausland zu uns flossen: Onkel Andrej aus dem dritten Stock. Er war bei der Gewerkschaft eines geheimen Betriebes eine große Nummer und durfte unbeschwert zu irgendwelchen Geschäftstreffen nach Polen und sogar in die DDR fahren. Das tat er auch mindestens zweimal im Jahr. Ab und zu kam Onkel Andrej mit seiner Frau zu meinen Eltern, immer mit einer Flasche ausländischen Doppelkorns. Sie verbarrikadierten sich in der Küche, und der Nachbar erzählte, wie es im Ausland wirklich war. Die Kinder durften selbstverständlich nicht mithören. Ich war ziemlich gut mit Onkel Andrejs Sohn Igor befreundet, wir gingen in die gleiche Klasse. Igor trug lauter ausländische Sachen: El Pico Jeans, braune Turnschuhe, sogar ärmellose T-Shirts, die es bei uns nicht gab. Obwohl Igor der bestangezogene Junge in unserer Klasse war, gab er damit nicht an und war auch nicht geizig. Immer wenn ich ihn besuchte, schenkte er mir irgendeine Kleinigkeit. Bald besaß ich eine ganze Sammlung, die ich als »Geschenke aus der DDR« bezeichnete. Sie bestand aus einigen Bierdeckeln, deren Verwendung und Sinn mir vollkommen unklar war, einer Tüte Gummibärchen, einer leeren *Orient* Zigarettenschachtel, einer Audiokassette von ORWO, einem »Lolek und Bolek«-Kaugummi und einem Abziehbild mit mir unbekannten Comicfiguren drauf. Igor wollte später auch einmal Gewerkschaftsfunktionär werden wie sein Vater.

Mein Vater half Onkel Andrej einmal bei der Reparatur seines Wolgas. Dafür bekam er eine angebrochene Flasche *Curaçao Blue*. Die blaue Flüssigkeit hat das damalige Weltbild meines Vaters stark beeinflusst. Nicht, dass er sie getrunken hätte. Doch im blauen Licht der Flasche, die eine ganze Weile auf unserem Bücherregal stand, wurde er immer misstrauischer gegenüber dem Politologen, der das »Internationale Panorama« moderierte. Der Politologe selbst veränderte sich auch, er wurde nachdenklicher und ihm fielen die Worte für die Beschreibung des Auslandes immer schwerer. 1986, unter Gorbatschow, verschwand er plötzlich vom Bildschirm. In irgendeinem Land der Kontraste ist er für immer geblieben. Kurz danach fiel der Eiserne Vorhang, alles veränderte sich, der *Curaçao Blue* wurde langsam grau, und das wahre Gesicht der Welt begann sich zu offenbaren.

Vaters Rat

Alle neuen Ideen und alten Weisheiten werden bei uns in Russland als nationales Erbe geschätzt und von Generation zu Generation vererbt.

Die Idee für meinen Umzug kam von meinem Vater. Es war im Jahr 1990, die Ära von Gorbatschow ging langsam zu Ende, doch er wusste noch nichts davon. Dafür aber mein Vater. An einem sonnigen Tag sagte er bei einem Bierchen: »Die große Freiheit ist wieder in unserem Land. Ihre Ankunft wird gefeiert, es wird viel gesungen und noch mehr getrunken. Doch die Freiheit ist nur ein Gast hier. Sie kann sich in Russland nicht lange halten. Sohn, nutze die Chance. Sitz nicht herum und trink Bier. Die größte Freiheit ist die Möglichkeit abzuhauen. Beeil dich, denn wenn die Freiheit wieder verschwunden ist, dann kannst du lange stehen und schreien: O Augenblick, verweile doch, du bist so schön.«

Mein Freund Mischa und ich fuhren nach Berlin. Mischas Freundin flog nach Rotterdam, sein Bruder nach Miami und Gorbatschow nach San Francisco. Er kannte jemanden in Amerika. Für uns war Berlin am einfachsten. Man brauchte für die Stadt kein Visum, noch nicht einmal einen Reisepass, weil sie noch nicht zur BRD gehörte. Die Zugfahrkarte kostete nur 96 Rubel, das Reiseziel war nicht weit. Um Geld für das Ticket aufzutreiben, verkaufte ich meinen Walkman und die Kassetten von Screamin' J. Hawkins. Mischa verkaufte seine Plattensammlung.

Ich hatte nicht viel Gepäck: einen schönen blauen Anzug, den mir ein Pianist vererbt hatte, eine Stange russischer Zigaretten und einige Fotos aus der Armeezeit. Auf dem Moskauer Markt kaufte ich für den Rest des Geldes noch ein paar Souvenirs: eine Matrjoschka, die mit blassem Gesicht in einem kleinen Sarg lag – das fand ich lustig, außerdem eine Flasche Wodka der Marke *Lebewohl*.

Mischa und ich trafen uns am Bahnhof, er hatte auch nur wenig dabei. Damals waren noch nicht viele Russen als Kleinhändler unterwegs, und der halbe Zug bestand aus solchen Romantikern wie uns, die auf Abenteuer aus waren. Die zwei Tage auf Reisen vergingen wie im Flug. Der Wodka mit dem *Lebewohl*-Etikett wurde ausgetrunken, die Zigaretten aufgeraucht, und die Matrjoschka verschwand unter mysteriösen Umständen. Als wir am Bahnhof Lichtenberg ausstiegen, brauchten wir erst einmal einige Stunden, um uns in der neuen Umgebung zu orientieren. Ich war verkatert, mein blauer Anzug verknittert und befleckt.

Mischas Lederweste, die er im Zug beim Kartenspielen von einem Polen gewonnen hatte, brauchte ebenfalls dringend eine Reinigung. Unser Plan war einfach: Leute kennen lernen, Verbindungen schaffen, in Berlin eine Unterkunft finden. Die ersten Berliner, die wir kennen lernten, waren Zigeuner und Vietnamesen. Wir wurden schnell Freunde.

Die Vietnamesen nahmen Mischa nach Marzahn mit, wo sie in einem Wohnheim lebten. Dort, mitten im Marzahner Dschungel, zogen sie ihn groß, wie einst Tarzan im Film aufwuchs. Die ersten Worte, die er hier lernte, waren Vietnamesisch. Inzwischen studiert er Multimedia an der Humboldt-Universität und ist jedes Mal beleidigt, wenn ich ihn Tarzan nenne.

Ich bin damals mit den Zigeunern mitgefahren und landete so in Biesdorf, wo sie in einer ehemaligen Kaserne der ostdeutschen Armee lebten, die in eine Unterkunft des gesamtdeutschen Roten Kreuzes umgewandelt worden war. Am Eingang musste ich meinen Inlands-Pass abgeben. Dafür bekam ich ein Bett und Essen in Folie mit der Aufschrift »Guten Appetit«.

Die Zigeuner fühlten sich hinter dem Stacheldraht der Kaserne sehr wohl. Gleich nach dem Mittagessen zogen sie alle in die Stadt, um ihre Geschäfte zu erledigen. Abends kamen sie mit einem Sack voller Kleingeld und oft auch einem alten Auto zurück. Das Geld im Sack zählten sie nie, sondern gaben es in ihrer Biesdorfer Kneipe ab. Dafür durften sie dort die ganze

Nacht lang trinken. Danach stiegen die Stärkeren in den alten Wagen und fuhren ihn gegen einen Baum auf dem großen Hof hinter der Kaserne. Das war der Höhepunkt ihres nächtlichen Vergnügens. Nach zwei Wochen hatte ich das Zigeunerleben satt. Ich entschied mich für ein bürgerliches Leben und zog auf den Prenzlauer Berg, wo ich eine winzige, leer stehende Wohnung mit Außenklo in der Lychener Straße fand, die ich besetzte. Später heiratete ich und mietete eine große Wohnung in der Schönhauser Allee, meine Frau bekam zwei Kinder, ich lernte einen anständigen Beruf und fing an zu schreiben.

Die erste eigene Wohnung

Seit Ewigkeiten träumte ich von einer eigenen Wohnung. Doch erst mit der Auflösung der DDR ging
mein Traum in Erfüllung. Nachdem mein Freund
Mischa und ich im Sommer 1990 als eine aus der
Sowjetunion geflüchtete Volksminderheit jüdischer
Nationalität anerkannt worden waren, landeten wir
auf Umwegen in dem riesigen Ausländerheim, das in
Marzahn entstand. Hier wurden zunächst Hunderte
von Vietnamesen, Afrikaner und Juden aus Russland
einquartiert. Wir zwei und noch ein Kumpel aus Mur-
mansk, Andrej, konnten uns eine möblierte Einzimmerwohnung im Erdgeschoss erkämpfen.

Das Leben im Heim boomte: Die Vietnamesen besprachen auf Vietnamesisch ihre Zukunftschancen,
denn damals wussten sie noch nichts vom Zigaretten-
handel. Die Afrikaner kochten den ganzen Tag Kus-
kus, abends sangen sie russische Volkslieder. Sie hatten erstaunlich gute Sprachkenntnisse, viele hatten in
Moskau studiert. Die russischen Juden entdeckten das
Bier im Sechserpack für DM 4,99, tauschten ihre

Autos untereinander und bereiteten sich auf einen langen Winter in Marzahn vor. Viele beschwerten sich beim Aufsichtspersonal, dass ihre Nachbarn falsche Juden seien, dass sie Schweine äßen und am Samstag rund um die Wohnblöcke joggten, was man als echter Jude nie tun dürfte. Damit versuchten sie, ihre Nachbarn loszuwerden und die zugeteilte Stasi-Wohnung für sich allein zu nutzen. Es herrschte ein regelrechter Platzkrieg. Diejenigen, die zu spät gekommen waren, hatten es besonders schwer: Sie mussten ihre Wohnung mit bis zu vier anderen Famlien teilen.

Wir drei waren vom Leben im Heim nicht sonderlich begeistert und suchten nach einer Alternative. Der Prenzlauer Berg galt damals als Geheimtipp für alle Wohnungssuchenden, dort war der Zauber der Wende noch nicht vorbei. Die Einheimischen hauten in Scharen nach Westen ab, ihre Wohnungen waren frei, aber noch mit allen möglichen Sachen voll gestellt. Gleichzeitig kam eine wahre Gegenwelle aus dem Westen in die Gegend: Punks, Ausländer und Anhänger der Kirche der Heiligen Mutter, schräge Typen und Lebenskünstler aller Art. Sie besetzten die Wohnungen, warfen die zurückgelassene Modelleisenbahn auf den Müll, rissen die Tapeten ab und brachen die Wände durch. Die Kommunale Wohnungsverwaltung hatte keinen Überblick mehr. Wir drei liefen von einem Haus zum anderen und schauten durch die Fenster. Andrej wurde glücklicher Besitzer einer Zweizimmer-

Wohnung in der Stargarder Straße, mit Innentoilette und Duschkabine. Mischa fand in der Greifenhagener Straße eine leere Wohnung, zwar ohne Klo und Dusche, aber dafür mit einer RFT-Musikanlage und großen Boxen, was seinen Interessen auch viel mehr entsprach. Ich zog in die Lychener Straße. Herr Palast, dessen Name noch auf dem Türschild stand, hatte es sehr eilig gehabt. Nahezu alles hatte er zurückgelassen: saubere Bettwäsche, ein Thermometer am Fenster, einen kleinen Kühlschrank, sogar Zahnpasta lag noch in der Küche auf dem Tisch. Etwas zu spät möchte ich Herrn Palast für dies alles danken. Besonders dankbar bin ich ihm für den selbst gebauten Durchlauferhitzer, ein wahres Wunder der Technik.

Zwei Monate später fand die Geschichte der Besetzung des Prenzlauer Bergs ein Ende. Die KWV erwachte aus ihrer Ohnmacht und erklärte alle zu diesem Zeitpunkt in ihren Häusern Lebenden für die rechtlichen Mieter. Sie sollten ordentliche Mietverträge bekommen. Zum ersten Mal stand ich in einer 200-köpfigen Schlange, die ausschließlich aus Punks, Freaks, scheinheiligen Eingeborenen und wilden Ausländern bestand. Laut Mietvertrag musste ich DM 18,50 für meine Wohnung zahlen. So ging mein Traum in Erfüllung: ein eigener Lebensraum – von 25 Quadratmetern.

Mein Vater

Als meine Mutter und ich 1990 Moskau verließen, war mein Vater heilfroh. Damit hatte er gleich zwei Fliegen mit einer Klappe geschlagen. Zum einen war er stolz, in diesen schwierigen Zeiten seine Familie im sicheren Exil untergebracht zu haben. Es war mit einer gewissen Aufopferung verbunden und alles in allem nicht leicht gewesen. Nicht jeder schaffte es. Zweitens hatte er nach dreißig Jahren Ehe endlich seine Ruhe und konnte nun tun und lassen, was er wollte. Als sein Betrieb, in dem er als Ingenieur tätig war, den Geist aufgab, wie es fast alle Kleinbetriebe im postsowjetischen Frühkapitalismus taten, fand mein Vater schnell eine Lösung. Er fuhr durch die Stadt und entdeckte zwei Tabakläden mit sehr unterschiedlichen Preisen für ein und dieselben Waren. So kaufte er vormittags in dem einen Geschäft ein und verkaufte die Sachen am Nachmittag an das andere. Damit kam er eine Weile über die Runden.

Wie ein Kind reagierte er auf alle Neuigkeiten, welche die Marktwirtschaft mit sich brachte, ohne sich darüber groß zu wundern oder zu klagen. Als die Kriminalität immer größere Ausmaße annahm, nagelte er alle Fenster mit Holzplatten zu. Den Korridor verwandelte er in ein Waffenarsenal: Eisenstangen, Messer, Axt und ein Eimer für feindliches Blut standen dort bereit. In der Badewanne hortete mein Vater die Lebensmittelvorräte. Aus der Küche machte er einen Beobachtungsposten. Die meisten Möbel zerhackte er nach und nach zu Kleinholz für den Fall einer plötzlichen Energiekrise. Egal was für Nachrichten das Fernsehen brachte, meinem Vater konnten keine Perestroika-Wirren etwas anhaben. Doch auf Dauer wurde ihm die eigene Festung zum Gefängnis. Ermüdet entschied er sich 1993, ebenfalls nach Berlin zu ziehen. Zwecks Familienzusammenführung, wie das lange Wort in seinem Reisepass hieß.

Hier wurde er depressiv, weil er nach dem langen anstrengenden Kampf nichts mehr zu tun hatte – wohl das Schlimmste, was einem mit 68 passieren kann. Die süßen Früchte des entwickelten Kapitalismus einfach zu genießen, war ihm zuwider. Mein Vater sehnte sich nach neuen Aufgaben, nach Verantwortung und Kampf um Leben und Tod.

Wer sucht, der findet. So kam mein Vater auf die Idee, den Führerschein zu machen. Damit war er erst einmal für die nächsten zwei Jahre beschäftigt. Dreimal wechselte er die Fahrschule. Sein erster Fahrlehrer sprang mitten im Verkehr aus dem Auto, in drei

Sprachen fluchend. Sein zweiter Fahrlehrer weigerte sich schriftlich, mit ihm im selben Wagen zu sitzen. »Beim Fahren betrachtet Herr Kaminer unentwegt seine Füße«, schrieb er in einer Erklärung an seinen Fahrschulleiter. Natürlich war das eine Lüge. Es stimmte schon, dass mein Vater während der Fahrt nie auf die Straße schaute, sondern nach unten. Dabei starrte er jedoch nicht auf seine Füße, sondern auf die Pedale, um nicht auf das falsche zu treten.

Der dritte Fahrlehrer war ein mutiger Kerl. Nachdem beide mehrere Stunden zusammen im Auto verbracht und dem Tod ins Auge gesehen hatten, wurden sie wie Brüder. Dieser Fahrlehrer schaffte es, meinem Vater die Führerschein-Idee endgültig auszureden.

Dann kam wieder eine lange Phase der Depression, bis er das Berliner Seniorenkabarett in Weißensee *Die Knallschoten* für sich entdeckte. Dort stieg er ein. In dem neuen Programm »Kein Grund, um stillzuhalten« – eine Satire zu aktuellen Problemen unserer Zeit, »heiter, aber bissig!« – spielt mein Vater nun den Ausländer. Ich verpasse nie eine Vorstellung und bringe ihm stets frische Blumen mit.

Meine Mutter unterwegs

Die ersten 60 Jahre ihres Lebens verbrachte meine Mutter in der Sowjetunion. Nicht ein einziges Mal überschritt sie die Grenzen ihrer Heimat, obwohl ihre beste Freundin 1982 einen in Moskau stationierten Deutschen heiratete und mit ihm nach Karl-Marx-Stadt zog, wohin sie dann meine Mutter mehrmals einlud. Der Parteisekretär des Instituts für Maschinenbau, in dem sie arbeitete, musste die für eine solche Reise notwendige Beurteilung schreiben, das tat er aber nie. »Eine Auslandsreise ist eine ehrenvolle und verantwortungsvolle Maßnahme«, sagte er jedes Mal zu meiner Mutter. »Sie haben sich jedoch auf dem Feld der gesellschaftlich-politischen Arbeit nicht bemerkbar gemacht, Frau Kaminer. Daraus schließe ich, dass Sie für eine solche Reise noch nicht reif sind.«

Reif für die Reise wurde meine Mutter erst mit der Auflösung der Sowjetunion, als sie 1991 nach Deutschland emigrierte. Schnell entdeckte sie eine der größten Freiheiten der Demokratie, die Bewegungsfreiheit. Sie konnte nun überall hin. Aber wie weit will man eigentlich fahren, und wie groß darf die Welt sein? Diese Fragen beantworteten sich quasi automatisch, als meine Mutter sich mit dem Angebot von *Roland-Reisen,* einem Berliner Billig-Bus-Reiseunternehmen, vertraut machte. Ein Bus fährt bestimmt nicht nach Amerika, Australien oder Indien. Aber er fährt schön lange. Man hat das Gefühl, auf einer weiten Reise zu sein und gleichzeitig bleibt man dem Zuhause irgendwie nahe. Das ist praktisch, preiswert und unterhaltsam. Obwohl die an sich beliebten Roland-Reisen immer öfter mangels Teilnehmern ausfallen, hat meine Mutter inzwischen bereits zwei Dutzend Bustouren mitgemacht und dabei viele Reiseziele erreicht. Von Spanien im Süden bis Dänemark im Norden. In Kopenhagen fotografierte sie die Meerjungfrau, die jedoch gerade mal wieder kopflos war. In Wien erzählte die Reiseleiterin meiner Mutter, dass die Wienerwürste dort Frankfurter heißen, ferner, dass man dort anständigen Kaffee nur im Restaurant vor dem Rathaus bekomme und dass Stapo die Abkürzung für Polizei sei. In Paris fand der Busfahrer keinen Parkplatz, und sie mussten den ganzen Tag mit dem Bus rund um den Eiffelturm fahren. Am Wolfgangsee kaufte meine Mutter echte Mozartkugeln, die rundesten Pralinen der Welt, die ich seither immer zu Weihnachten geschenkt bekomme. In Prag wären sie um ein Haar auf der Karlsbrücke mit dem Touristenbus eines anderen Veranstalters zusammengestoßen. In

Amsterdam feierte die Königin gerade ihren Geburtstag, und viele schwarze Mitbürger tanzten vor Freude auf der Straße, als der *Roland*-Bus mit meiner Mutter dort ankam. In Verona besichtigte sie das Denkmal der Shakespear'schen Julia, deren linke Brust von den vielen Touristenhänden bereits ganz klein und glänzend geworden ist. Nach London konnte meine Mutter nicht fahren, weil England nicht zu den Schengenstaaten gehört und sie erst in Calais feststellte, dass sie für England ein Extra-Visum brauchte. Dafür fotografierte sie dann über Nacht jedes zweite Haus in Calais. Am nächsten Tag war der Bus bereits auf der Heimfahrt und nahm meine Mutter wieder mit – zurück nach Berlin.

Die Tatsache, dass sie Big Ben und der Tower-Bridge nicht einmal nahe gekommen war, machte ihr nicht viel aus. Sie ist inzwischen eine gewiefte Busreisende, für die das Ziel nicht so wichtig ist wie der Weg.

Süße ferne Heimat

Meine Frau Olga wurde auf der Insel Sachalin geboren, in der Stadt Ocha. 1000 Kilometer von Tokio entfernt, 10 000 Kilometer von Moskau, 12 000 von Berlin. In ihrer Geburtsstadt gab es drei Grundschulen mit den Nummern 5, 4 und 2. Die Nummer 3 fehlte, in Ocha kursierte jedoch das Gerücht, dass diese Schule vor 30 Jahren von einem Schneesturm ins Meer gefegt worden war, weil sie ein Stockwerk zu viel hatte. In unmittelbarer Nähe der drei Schulen befanden sich die Straf- und Besserungsanstalten der Stadt: neben Schule 5 das Gerichtsgebäude, neben Schule 4 die Irrenanstalt und neben Schule 3 das Gefängnis. Diese Nachbarschaft hatte eine große erzieherische Wirkung und erleichterte den Pädagogen in Ocha die Zähmung der Jugend. Eine Handbewegung, ein Blick aus dem Fenster wies die Jugend darauf hin, was sie erwartete, falls sie die Hausaufgaben nicht rechtzeitig erledigten.

Zur Freude der Kinder gab es jedes Mal schulfrei, wenn ein Schneesturm auf der Insel wütete oder die

Temperatur unter 35 Grad minus fiel. Dann saßen alle
zu Hause und warteten auf die Herbstferien. Es exis-
tierten nämlich nur zwei Jahreszeiten auf Sachalin,
der lange Winter und dann, ab Ende Juli, wenn sich
der letzte Schnee auflöste, der Herbst. Mit ihm kamen
viele Schiffe, die leckere Sachen wie getrocknete Was-
sermelonenkrusten für die Kindergärten brachten, damit die Kinder etwas zum Beißen hatten. Aus China
kamen getrocknete Ananas, getrocknete Bananen, ge-
frorene Pflaumen und die chinesischen Sandstürme.
Aus Japan kamen die japanischen »Big John«-Jeans, die
aber immer zu klein waren. Trotzdem standen die Bewohner von Sachalin Schlange, um sie zu ergattern.
Alle schimpften auf die Japaner und wunderten sich,
wie sie mit solch kurzen Beinen und derart fetten Hintern überleben konnten. Doch jede Familie hatte eine
Nähmaschine zu Hause und nähte sich dann ihre »Big
Johns« zurecht.

Das Unterhaltungsprogramm auf der Insel war relativ eintönig. Im Winter saß meine Frau mit anderen
Kindern im einzigen Kino der Insel, das »Erdölarbei-
ter« hieß, und sah sich alte russische und deutsche
Filme an: »Drei Männer im Schnee«, »Verloren im Eis«
und »Drei Freunde auf hoher See« zum Beispiel. Die
Kinder waren die ersten Einheimischen auf der Insel,
außer den Nivchen, den Ureinwohnern, die in einem
Reservat auf der Südseite der Insel langsam ausstar-
ben. Die Eltern der Kinder waren alle Geologen oder

Ölbohrer und kamen aus sämtlichen fünfzehn Republiken der Sowjetunion. Im Herbst gingen die Kinder gerne baden. Zwei Seen gab es in der Stadt. Der Pioniersee und der Komsomolzensee. Der Pioniersee war klein, flach und schmutzig. Der Komsomolzensee dagegen schön tief und sauber. Sogar ein wenig zu tief, deswegen wurden dort ständig Kinder vermisst. Jedes Jahr ertrank eines im Komsomolzensee. Es gab noch einen weiteren Badeort, den so genannten Bärensee, etwa zwei Kilometer hinter der Stadtgrenze in der Nähe vom Kap des Verderbens. Aber keiner traute sich dorthin, wegen der mutierten Waschbären, die unter dem Einfluss der chinesischen Sandstürme zu gefährlichen Wasserbewohnern geworden waren, zu einer Art Sachalin-Krokodil. Außer diesen Waschbären gab es noch andere Tiere dort: Braunbären, Füchse und jede Menge Hasen, die auf dem großen Feld hinter dem Krankenhaus lebten. Wölfe gab es keine mehr. Der letzte Sachaliner Wolf wurde 1905 am Kap des Verderbens erschossen. Man ehrte ihn mit einem Beton-Denkmal, das jedoch irgendwann während eines Schneesturms umkippte und ins Wasser stürzte. Das Kap des Verderbens hieß nicht wegen des Wolfs so, sondern weil dort immer wieder die Flucht von Kartorgo-Häftlingen zu Ende war, die versucht hatten, aufs Festland zu entkommen. Entweder gerieten sie unter Eis oder wurden von Soldaten erschossen.

Alle auf Sachalin lebenden Erwachsenen bekamen

eine Nordzulage, wodurch sich ihr Gehalt verdoppelte. Außerdem durften sie früher in Rente gehen. Die auf Sachalin lebenden Kinder bekamen nicht einmal ein einfaches Gehalt. Olga sah mit zwölf Jahren auf dem Flugplatz von Chabarowsk zum ersten Mal in ihrem Leben einen Spatzen. »Mama, Mama, schau mal, die riesigen Fliegen«, rief sie. »Das sind Spatzen, Spat-zen, keine Flie-gen, du dummes Kartorgokind«, regte sich ein Mann auf, der seinem Äußeren nach gerade eine Freiheitsstrafe abgebüßt hatte und auf die nächste Maschine Richtung Süden wartete. Er lachte, rauchte gierig und fluchte. »Verdammte Spatzen, verfluchtes Land, verfluchte Kinder, verfluchte Taiga!«

Mit 16 hatte Olga die Schule beendet und flog nach Leningrad, um dort einen vernünftigen Beruf zu erlernen. Einige Jahre später übersiedelte sie nach Deutschland, was zwar schrecklich weit von ihrer Heimat entfernt ist, aber Berlin gefällt ihr trotzdem ganz gut...

Meine Frau allein zu Haus

Meine Olga ist ein mutiger Mensch. Nachdem sie lange in der tschetschenischen Hauptstadt Grosnij gelebt hat, hat sie vor fast nichts Angst. Ihre Eltern haben als Geologen 15 Jahre auf Sachalin nach Öl und Bodenschätzen gesucht. Olga ging dort zur Schule. In der achten Klasse bekam sie, als diejenige mit den besten Noten, eine Belohnung. Sie wurde zu einer Besichtigungstour mit dem Hubschrauber auf die kleine Insel Iturup geflogen. Kurz nach ihrer Ankunft fand dort der berühmte Ausbruch des Vulkans Iturup statt, an dem sie aktiv teilnahm. Das hieß, mit den dort lebenden Fischern zusammen um die Insel herumlaufen und schreien. In der Sachalin-Taiga wurde Olga mehrmals von Bären und anderen wilden Tieren verfolgt. Schon als Kleinkind wusste sie mit dem Gewehr umzugehen. Am Ende der Dienstzeit kauften ihre Eltern sich ein Häuschen am Rande ihrer Heimatstadt Grosnij. Das war kurz vor Beginn des Krieges. Als der tschetschenische Aufstand in der Stadt ausbrach, wurde das Häuschen von den Tschigiten eingekesselt und beschossen. Die Eltern verteidigten ihr Eigentum und schossen mit ihren Jagdflinten aus allen Fenstern in die dunkle kaukasische Nacht zurück. Olga musste nachladen. Auch später kämpfte sie mehrmals um ihr Leben. Nun lebt sie seit zehn Jahren schon in der ruhigen Stadt Berlin, aber ihre Sehnsucht nach großen Taten ist noch nicht ganz erloschen.

Ich war gerade nicht zu Hause, als bei uns plötzlich der Strom ausfiel. Die Versorgungspanne betraf nicht nur unser Haus, sondern den ganzen Prenzlauer Berg. Eine Stunde lang war der Bezirk infolge eines Kurzschlusses ohne Strom. Es war fast wie eine richtige Naturkatastrophe – EC-Karten kamen nicht mehr aus den Geldautomaten heraus, Filmaufführungen wurden abgebrochen, Ampeln waren außer Betrieb, und sogar die Straßenbahnen blieben stehen. Meine Frau wusste davon aber nichts. Als es in der Wohnung immer dunkler wurde, entschied sie sich kurzerhand, die Strompanne zu beseitigen. Sie nahm eine Kerze und ging in den Keller an den Sicherungskasten. Vor dem Kasten sah sie einen ausgewachsenen Mann am Boden liegen, der sich nicht bewegte. »Das ist bestimmt der Elektriker«, dachte meine Frau sofort, »der durch die Vernachlässigung der Sicherheitsmaßnahmen den Kurzschluss verursacht hat und dabei ums Leben kam, oder mindestens schwer verletzt wurde.« Sie lief schnell die Treppe hoch, klopfte an alle Wohnungstüren und forderte die Nachbarn lautstark auf, mit ihr den Elektriker nach oben zu tragen. Doch die Nachbarn hatten sich alle in ihren dunklen Wohnungen verkrochen und wollten den toten Elektriker nicht retten. Nur die Vietnamesen aus dem ersten Stock machten auf. Aber mit meiner Frau zusammen in den dunklen Keller zu gehen, dazu waren auch sie zu feige. Daraufhin entschied sie sich, den Elektriker alleine aus dem Keller zu zerren. Sie hatte den Verdacht, dass sein Körper noch unter Strom stehen könnte, deswegen ließ sie sich von den Vietnamesen ein Paar Gummihandschuhe geben. Dann ging sie runter, hob den Mann auf und schleppte ihn die Treppe hoch. In ihren Armen fing der tote Elektriker an, Lebenszeichen von sich zu geben. Gerade als die beiden den zweiten Stock erreicht hatten, ging das Licht wieder an. Unter der elektrischen Beleuchtung erwies sich der halbtote Elektriker als ein vollbesoffener Penner, der es sich in unserem Keller gemütlich gemacht hatte. Als er wach war, bat er meine Frau höflich um ein paar Groschen, wo sie ihn doch sowieso schon mit sich herumtrage. Meine Frau stand etwas verlegen im Treppenhaus, noch immer in Gummihandschuhen, mit der Kerze in der einen Hand und dem Penner in der anderen. Sogar die Vietnamesen, die sonst immer so zurückhaltend sind, lachten herzlich über sie. Es ist heutzutage nicht leicht, große Taten zu vollbringen.

Mein erster Franzose

Der erste Franzose, den ich in Berlin kennen lernte, hieß Fabrice Godar. Wir beide und ein arabisches Mädchen wurden von einem ABM-Theaterprojekt angestellt, er als Kameramann, ich als Tontechniker und das Mädchen als Kostümschneiderin. Diese Arbeitsbeschaffungsmaßnahmen waren speziell für die unteren Schichten des Volkes, die sonst kaum Chancen auf dem Arbeitsmarkt gehabt hätten: ältere Menschen, Behinderte und Ausländer.

Ich hatte vom Arbeitsamt-Nord ein Schreiben bekommen. Wegen eines Bewerbungsgesprächs sollte ich in eine Kneipe namens *Krähe* kommen und zwar um 22.00 Uhr. Ich ging auch hin. An einem langen Tisch saßen etwa ein Dutzend Männer und Frauen. Ein schnurrbärtiger Kerl mit Zigarre und Whiskyglas in der Hand war der Anführer. Es war aber nicht Heiner Müller oder Jochen Berg, auch nicht Thomas Brasch oder Frank Castorf. Der hier sah Che Guevara ähnlich, und er plante eine Theater-Revolution. Mit meinem russischen Akzent wurde ich sofort eingestellt.

43

Fabrice saß mittendrin. Wir wurden schnell Kumpel. Er entsprach völlig der klischeehaften Vorstellung, die ich von Franzosen hatte: Er war leichtsinnig, oberflächlich, weltoffen und frauenfixiert. Wir sangen zusammen die Internationale und Fabrice erzählte mir, er sei noch Jungfrau.

Irgendwann beschloss er, mit Hilfe des ABM-Projektes seine Jungfräulichkeit ein für alle Mal loszuwerden und wurde der Liebhaber von Sabine. Sie war die Frau eines der Schauspieler, zehn Jahre älter als er und hatte einen erwachsenen Sohn. Für sie war es ein kleines Abenteuer, für Fabrice dagegen die erste große Liebe, mit allem was dazugehört. Ihre Beziehung endete wenig später auf echt französische Art. Der Mann kam früher als erwartet von der Probe nach Hause. Sabine versteckte Fabrice im Kleiderschrank. Nach ein paar Stunden wollte der Ehemann sich umziehen, machte den Schrank auf und entdeckte dort den französischen Kameramann. Ein Franzose im Schrank: Etwas derartig Blödes darf eigentlich nur in einem lustigen Film passieren. Hier war es jedoch eher traurig. Sabines Mann ging ins Theater und teilte allen mit, dass er nach diesem Vorfall nicht mehr in der Lage sei, die Hauptrolle in unserem Brecht-Stück zu spielen. Und das zwei Wochen vor der Premiere! Wir gingen daraufhin alle zu Sabine, um die Sache gemeinsam zu besprechen. Sie war voller Verständnis und strich Fabrice von ihrer Liebhaberliste. Der Franzose hatte danach einen totalen Zusammenbruch, er erschien nicht mehr im Theater und wurde immer depressiver. Eines Tages hielt er es nicht mehr aus und ging zu einem Psychotherapeuten, dem er alles über Sabine und den Schrank erzählte, und dass er seitdem nicht mehr schlafen könne. Der Arzt fragte ihn sofort, wie lange er denn schon arbeitslos sei. Das wäre er schon eine ganze Weile, was aber damit nichts zu tun habe, erklärte ihm Fabrice. Der Arzt war da ganz anderer Meinung und verpasste ihm ein neues Antidepressivum mit Dauerwirkung: eine deutsche Erfindung speziell für die Behandlung von Frührentnern und Langzeitarbeitslosen, die unter Schlafstörungen und Depressionen leiden. »Kommen Sie bitte in einem halben Jahr wieder, dann sehen wir weiter«, beruhigte ihn der Arzt.

Die Spritze wirkte und wirkte. Fabrice wurde gleichgültig, schlief wie ein Baby, verbrachte den Rest der Zeit vor dem Fernseher und kuckte DSF. Er vergaß einzukaufen und sich zu waschen, sogar seinen Vater in Frankreich rief er nicht mehr an, was er sonst alle zwei Wochen getan hatte. Wir machten uns große Sorgen um ihn, wussten jedoch nicht so recht, wie ihm zu helfen war. Eines Tages kam sein Vater in einem großen Citroën an und brachte ihn nach Frankreich zurück. Dort gelang es französischen Ärzten in einer Spezialklinik, die Auswirkungen der deutschen Spritze endlich zu neutralisieren. Fabrice wurde wieder gesund und arbeitet jetzt wie sein Vater bei der Post.

Alltag eines Kunstwerks

Es war Herbst, als ich bei der Eröffnung einer Ausstellung an der Berliner Hochschule der Künste den russischen Bildhauer Sergej N. kennen lernte. Ein Mann von fünfunddreißig Jahren, ruhig, selbstbewusst und solide. Wir freuten uns beide, denn es ist immer gut, einem Landsmann im Ausland zu begegnen, noch dazu einem Künstler. Mit strahlenden Augen erklärte mir Sergej sein Werk. Dabei deutete er an, dass er seit Jahren nur mit Beton arbeite, leichtere Materialien würde er verachten. Sein Werk hieß »Mutterherz« und stellte eine mittelgroße Muschel mit einem Punkt in der Mitte dar, von dem aus mehrere Strahlen nach außen gingen. Ich sah sofort, dass Sergej ein sehr begabter Mann war. Das Mutterherz wirkte wie ein gigantisches Fragezeichen an die ganze Menschheit: Warum? Ein Herz aus Beton, das Leid der Materie und die Leidenschaft des Steins.

Wir tranken zusammen Tee und unterhielten uns über Kunst. Ich fragte Sergej nach der Bedeutung seines Werks. Er schüttelte den Kopf und sagte: »Lass uns

lieber Wodka trinken gehen!« Später vergaß ich die geheimnisvolle Muschel wieder. Inzwischen wurde es
Winter, der erste Schnee fiel. Sergej rief mich an und
erzählte Folgendes: Er hatte seine Muschel bei dem
großen Wettbewerb für das Holocaust-Denkmal ange-
meldet. Sie sollte den konzentrierten Schmerz der
Menschheit symbolisieren, einen in Beton gegossenen
Schrei. Ich konnte mir die Muschel sehr gut als Holocaust-Mahnmal vorstellen. So trafen wir uns, denn
diese Nachricht erforderte eindeutig eine Diskussion.
Wir unterhielten uns über Kunst, tranken Tee und
wechselten dann zu Wodka.

Mehrere Wochen danach erfuhr ich von Sergej, man
habe sein Werk abgelehnt unter dem Vorwand, es sei zu
klein für ein zentrales Holocaust-Mahnmal. Trotzdem
verlor er nicht die Hoffnung, irgendwann für seine
Muschel den richtigen Platz zu finden. Ich dachte anschließend noch eine Weile, besonders beim Teetrin-
ken, über die heutige Kunst nach, doch dann vergaß
ich die Geschichte erneut.

Der Frühling kam, die Tage wurden wärmer. Er
hatte eine Einladung aus Prag bekommen. Seine Muschel sollte als Denkmal zur Erinnerung an die Mas-
senvergewaltigungen tschechischer Frauen durch sowjetische Soldaten bei ihrem Einmarsch in die ČSSR
1968 aufgestellt werden. Sergej fragte mich, ob es
günstiger wäre, die Muschel mit einem Lastwagen
oder mit der Bahn nach Prag zu verfrachten. Wir ver-

abredeten uns zum Tee, saßen eine Weile zusammen, unterhielten uns über Kunst und wollten sogar schon zusammen nach Prag fahren. Es kam aber dann doch nicht dazu. Zwei Wochen später erhielt Sergej eine Absage: Aus finanziellen Gründen sollte das Ganze noch einmal überdacht werden. Zu Hause blätterte ich eine Weile in Kunstzeitschriften, hörte dann aber wieder damit auf und widmete mich dem Alltag.

Endlich wurde es Sommer. An den Bäumen wuchsen wieder die Blätter und auf den Wiesen das Gras. Sergej bat mich, ihm zu helfen, seine Muschel nach Hamburg zu transportieren, wo sie auf einer Erotikmesse das unerfüllte Verlangen nach Vaginalkontakten ausdrücken sollte. Wir hatten eine Menge Spaß in Hamburg. Rund um Sergejs Meisterwerk sammelten sich Männer und kratzten am Beton. Eine Frau mittleren Alters blieb stehen, als sie die Plastik sah, errötete und warf unsichere Blicke um sich. Nach ein paar Tagen fuhren wir mit der Muschel im Anhänger wieder zurück nach Berlin. Wir waren beide verkatert, unsere Wege trennten sich. Eine Zeitlang erinnerte ich mich noch an Hamburg, dann vergaß ich die Erlebnisse dort.

Es wurde Herbst, die Tage wurden kühler, die Straßen leerer. Ich lief ziellos durch die Stadt, auf einmal stand ich vor einem Abenteuerspielplatz im Wedding. Die Kinder klebten an einer riesigen Schnecke, die aus dem Sand herausragte. Trotz frischer Farbe erkannte ich sofort das alte »Mutterherz«. Es gibt Dinge, die man nie vergisst. Als Schnecke auf dem Spielplatz sah sie herrlich aus. Auch die Kinder schienen glücklich. Sergej konnte mit sich und der Welt zufrieden sein. Ich ging beseelt nach Hause und summte vor mich hin.

Raus aus dem Garten der Liebe

Ende der Achtzigerjahre traf ich mich oft mit anderen Jungs im Foyer des Moskauer *Kinotheaters des wiederholten Films.* Wir waren Hippies und hatten alle Spitznamen. Das Foyer auch, man nannte es »den Garten der Liebe«. Es hieß so, weil es dort im Winter immer warm war und das Kino kaum besucht wurde. Dort trafen wir uns fast jeden Tag und besprachen die wichtigsten Themen. Das interessanteste Thema damals waren nicht etwa Mädchen oder Drogen, sondern die Emigration. Unsere größten Helden waren jene, die es geschafft hatten, über die Grenze zu kommen. Irgendwie konnten wir uns mit diesen Menschen identifizieren, schließlich fühlten wir uns auch alle verfolgt, die Älteren von der Polizei, die Jüngeren von den Eltern.

Bei meinem Freund, den wir Prinz nannten, wurde das Thema allerdings zur Manie. Er sammelte sämtliche Zeitungsberichte über Überläufer und klebte sie sorgfältig in eine Mappe. Er kannte sie alle, die schlaue DDR-Familie, die aus mehreren Klepper-Regenmänteln einen Heißluftballon genäht und damit die

Grenze überflogen hatte, das Ehepaar aus Estland, das
sich mit Gänseschmalz eingeschmiert hatte und hundert Kilometer weit nach Finnland geschwommen
war. Zwei Tage waren sie im kalten Wasser, dafür aber
dann den Rest des Lebens im sonnigen Finnland.
Prinz kannte auch die Geschichte des Malers Sacha-
nevich, der während einer Kreuzfahrt im Schwarzen
Meer von einem Schiff gesprungen und so in die Tür-
kei gelangt war. Er wußte von dem Bildhauer Petrov,
der sich mit Bronze bemalt und für eine Statue ausge-
geben hatte, die zu einer Ausstellung nach Paris geschickt wurde. Petrov verbrachte eine ganze Woche in
einer Holzkiste, kam jedoch nie in Paris an. Bei einem
Zwischenstopp in Amsterdam öffnete ein Zollbeamter
die Kiste, weil ihr der Geruch von Scheiße entströmte.
Heraus kam der bemalte Petrov und bat als verfolg-
ter Künstler um politisches Asyl. Vitalij, der Prinz,
träumte von einem ähnlichen Coup und bereitete sich
gründlich darauf vor. Mein anderer Freund, Andrej,
genannt der Pessimist, erklärte jedoch alle seine Ideen
für untauglich und lachte ihn aus. »Wir sind hier
für immer versklavt, egal wie clever du deine Flucht
anstellst, die Sowjets werden dich trotzdem zurück-
holen.«

Unerwartet für uns alle war Andrej dann der Erste,
der aus dem »Garten der Liebe« in die große weite Welt
türmte. Als der Papst Polen besuchte, konnten die Soldaten an der polnisch-weißrussischen Grenze die

Gläubigen nicht zurückhalten. Für sie wurde daraufhin schnell eine Sonderregelung eingeführt: Die Pilger durften in kleinen Gruppen ohne Stempel mit einer Namensliste nach Polen. Der magere Pessimist sah damals mit seinem Bart und langen Haaren wie ein religiöser Fanatiker aus. Problemlos gelang es ihm, sich einer der Pilgergruppen anzuschließen. Kaum hatten sie die Grenze überschritten, trennte er sich von ihr und fuhr weiter in Richtung Deutschland, ohne den Papst eines Blickes zu würdigen. Er schlug sich bis nach Frankreich durch und lernte in der Nähe von Paris beim Trampen einen Russen kennen, der ihm weiterhalf. Pessimist ließ sich in Paris nieder und jobbte dort in einem russischen Buchladen. Seit fünf Jahren kann er von seiner Malerei leben.

Prinz saß währenddessen fast täglich am Arbat, der Haupttouristenstraße, und versuchte gemäß seiner neuesten Fluchtidee, ältere ausländische Damen anzubaggern. Sie sollten möglichst aus Schweden oder Finnland sein. Seiner Vorstellung nach mangelte es gerade dort an fähigen Männern. Kurz bevor er die letzte Hoffnung verlor, lernte er ein Mädchen aus Dänemark kennen, eine Journalistin. Sie nahm ihn schließlich mit nach Kopenhagen. Ich bekam daraufhin eine Ausgabe der Zeitung *Dagens Nyheter* zugeschickt, mit seinem zahnlosen Grinsen auf der ersten Seite. »Dieser Mann hat all seine Zähne auf den Straßen von Moskau verloren«, lautete die Überschrift. In einem Brief berichtete mir Prinz, dass das dänische Parlament seinetwegen eine Sondersitzung einberufen hätte und dass man ihm politisches Asyl gewährt habe. Unlängst gründete er seine eigene Firma.

Meine beiden Freunde haben sich inzwischen europäisiert, also sehr verändert. Wir unterhalten uns nur noch selten und wenn, dann per Internet.

Fähnrichs Heirat

Mein Freund, ein ehemaliger Fähnrich der sowjetischen Armee, lebt seit zehn Jahren illegal in Deutschland. In dem für dieses Land so wichtigen Jahr 1989 verließ er, damals noch ein blutjunger Fähnrich, seinen Posten, kletterte über den Zaun und versteckte sich in der Sporthalle einer Mecklenburgischen Grundschule in der Nähe seiner Kaserne. Dort nahm er dann Kontakt mit einigen Schülern auf, erklärte ihnen seine unglückliche Lage und tauschte Stiefel und Uniform gegen ein paar Turnschuhe und Sportswear. In diesem Aufzug schlug er sich bis nach Berlin durch. Ohne Socken.

Die darauf folgenden zehn Jahre seines Lebens verliefen sehr ruhig. Er fand einen Job bei einem Partyservice und mietete ein kleines Zimmer in einer Russen-WG. Der überzeugte Nichttrinker und Nichtraucher, diszipliniert durch seine lange Dienstzeit bei der Armee, lief nie der Polizei in die Arme und umgekehrt. Beim Partyservice machte er sogar Karriere: Er stieg vom Tellerwäscher zum Schichtbrigadier auf. Nach zehn Jahren harter Arbeit und sparsamen Lebens gelang es dem Fähnrich, die beträchtliche Summe von DM 20 000 unter dem Kopfkissen zurückzulegen. Mit diesem Geld erhoffte er für sich die Lösung des scheinbar einzigen Problems, das er noch zu bewältigen hatte, der persönlichen Resozialisierung durch eine generelle Legalisierung. Aber wie? Die alte Illegalenweisheit sagte ihm: durch eine Scheinehe.

Man riet ihm zu einer Heiratsanzeige. Zuerst wollte er seine wahren Absichten nicht preisgeben. Eine ganz normale »typisch deutsche« Liebesannonce sollte es sein. Nachdem der Fähnrich monatelang den Anzeigenmarkt studiert hatte, um sich von der »deutschen Art« des Anzeigenschreibens ein Bild zu machen, erschien schließlich gleichzeitig in mehreren Zeitschriften sein Einzeiler: »Schmusebär sucht Schmusemaus.«

Das Ergebnis war erstaunlich. Der arme Fähnrich war gefragter als »Ein älterer Herr lässt sich gerne von jungen Frauen anrufen«, der seit Jahren ein Dauerbrenner auf dem Berliner Anzeigenmarkt ist. Die meisten Schmusemäuse erwiesen sich als Frauen über vierzig, die eine deutlich überladene Beziehungskiste auf ihren Schultern trugen und dementsprechend frustriert waren. Der Fähnrich fühlte sich, schüchtern, wie er war, ihrer Problematik nicht gewachsen und machte regelmäßig einen Rückzieher.

Schließlich änderte er seine Taktik. In der nächsten Anzeige benutzte er das Wort »Belohnung«, was seiner

Meinung nach die wahren Absichten des Bräutigams signalisierte. Es kam ein Anruf aus Eberswalde. Eine Russlanddeutsche sei für DM 10 000 zu haben, lautete das Angebot. Der Fähnrich fuhr nach Eberswalde, wo ein ganzes Dorf von Russlanddeutschen aus Kasachstan, inklusive Kleinkinder und Omas, zur Brautschau erschien. Der Fähnrich, durch seine langjährige Illegalität überaus misstrauisch und vorsichtig geworden, machte erneut einen Rückzieher. »Die Russinnen sind so romantisch«, erklärte er mir an dem Abend bei einem Glas Wodka, »selbst wenn sie nur wegen des Geldes heiraten, wollen sie, dass bei dem Bräutigam alles stimmt, und machen sich zur Brautschau hübsch.«

Kurz darauf lernte der Fähnrich einen Makler kennen. Der Perser aus Aserbaidschan versprach ihm, für DM 15 000 jede erdenkliche Scheinbraut zu besorgen und nach fünf Jahren gewissenhaft zu entsorgen, von einer Sozialhilfeempfängerin bis hin zur Berufstätigen, wenn es sein müsse.

»Zwei Drittel des Geldes bekommt die Frau, ein Drittel bekomme ich. Komm mal bei mir vorbei, wir reden von Mann zu Mann«, lockte ihn der Perser. »Mein Büro ist im *Forumhotel,* und keine Angst, ich bin auch mit einer Deutschen verheiratet, sie ist sogar Rechtsanwältin, wir arbeiten zusammen.«

Ich hielt diese Geschichte für einen großen Schwindel, und auch der Fähnrich überlegte es sich anders, als er bereits mit dem Geld in der großen Halle des

Forumhotels stand, und kehrte um. Inzwischen sind in seiner WG alle der Meinung, dass er niemals heiraten wird. Er sei einfach zu schüchtern, zu wählerisch und außerdem zu nachdenklich. Zur Zeit unternimmt er gerade einen neuen Anlauf: Jeden Abend geht er in eine Diskothek in der Sophienstraße. Er tanzt nicht, steht nur an der Bar und beobachtet aufmerksam das Publikum. Wie er damit etwas erreichen will, verriet er mir nicht.

Beziehungskiste Berlin

Es wird oft behauptet, Berlin sei die Hauptstadt der Singles. Die Bewohner lachen darüber. Nur einem oberflächlichen Journalisten, der irgendwelchen Statistiken mehr traut als seinen eigenen Augen, kann so etwas einfallen. Die Statistik lügt, sie hat auch früher immer gelogen. Sie hat sich daran gewöhnt zu lügen. Berlin ist nicht eine Stadt der Singles, sondern eine Stadt der Beziehungen. Genau genommen ist die Stadt eine einzige Beziehungskiste, die jeden Neuankömmling sofort einbezieht. Alle leben hier mit allen. Im Winter ist die Kiste unsichtbar, im Frühling taucht sie wieder auf. Wenn man sich Mühe gibt und die Beziehungen einer allein stehenden Person lange genug zurückverfolgt, wird man bald feststellen, dass die Person mindestens indirekt mit der ganzen Stadt verbandelt ist.

Nehmen wir zum Beispiel unsere Freundin Marina, obwohl an dieser Stelle jeder Freund und jede Freundin ein gutes Beispiel abgeben würde, aber nehmen wir trotzdem Marina, weil sie jeden Abend bei uns in der Küche sitzt und Einzelheiten aus ihrem Privatleben erzählt. So sind wir auch indirekt in ihre Geschichten verwickelt. Also Marina. Nachdem ihr Mann sie letztes Jahr wegen einer Ballerina sitzen gelassen hatte, deren Ballerino sich plötzlich in München bei einem Gastspiel in die Tochter seines besten Freundes verliebt hatte, die mit 23 Jahren allein und schwanger in tiefste Depressionen verfallen war, weil ihr Freund mit einer schönen Ägypterin durchgebrannt war, und die bei der Reisegesellschaft TUI gearbeitet hatte und auch Tui hieß... Aber zurück zu Marina: Ihr Mann war also weg und dadurch war auch ihre Existenz irgendwie bedroht. Seit etwa zehn Jahren studierte Marina an der TU Satelliten-Geodäsie. Sie studierte und studierte und war inzwischen bereits so gut, dass sie mit einem Blick auf die Planeten Mars oder Venus von jeder Kneipe aus haargenau die Schwerkraft ausrechnen konnte. Die ist nämlich überall anders. Aber ihre Diplomarbeit hatte sie noch immer nicht geschrieben. Nun aber brauchte Marina dringend einen Job. Sie verfasste blitzschnell ihre Diplomarbeit über ein lustiges Pärchen von Zwillingssatelliten, die gemeinsam die Erde umkreisen, und schickte drei Dutzend Bewerbungen ab.

Bald meldete sich eine Baufirma, die einen Ingenieur suchte. Marina ging zu einem Vorstellungsgespräch und kehrte nicht nach Hause zurück. Ihre 14-jährige Tochter machte sich große Sorgen und rief uns

um Mitternacht an. Marina kam erst am nächsten Tag
wieder – mit einem neuen Job und einem neuen
Mann. Das Vorstellungsgespräch hatte in einer Garage
stattgefunden, erzählte sie uns hinterher. Der junge
Bauunternehmer hatte vor kurzem seine Frau mit
einem anderen erwischt und war daraufhin frustriert
mit all seinen Sachen erst einmal in seine Garage gezogen, die ihm gleichzeitig als Büro seines Bauunter-
nehmens diente. Er hatte also gerade eine schwierige
Phase hinter sich und suchte jemanden, der ihm wieder auf die Beine half. Es war Liebe auf den ersten
Blick. Nach einem kurzen Vorstellungsgespräch wurde
Marina sofort von ihm eingestellt, und sie gingen zusammen essen. Der junge Unternehmer verriet Marina seinen heimlichen Traum: ein Haus am Ufer des
Schwarzen Meeres, mit Veranda und Blick auf die
eigene Yacht. »Willst du mit mir auf meiner Veranda
sitzen?«, fragte der Mann Marina ganz ernst. Er war
fest entschlossen und duldete keine halben Sachen.
»Ja, vielleicht«, sagte Marina, »wenn meine Tochter dabei mitspielen darf.« »Deine Kinder werden immer
einen Platz auf meiner Veranda haben«, versicherte ihr
der verliebte Unternehmer.

Am nächsten Tag zog er aus der Garage aus und in
Marinas Wohnung ein. Am Anfang schien alles perfekt. Marina lernte seine Eltern kennen und auch
seine Exfrau, die ihr bei der ersten Begegnung einen
Büschel Haare ausriss. Doch im Laufe der Zeit wurde

es auf der Veranda immer enger. Marina konnte eine Rund-um-die-Uhr-Beziehung nicht länger als zwei Wochen aushalten. Der Mann zog in die Garage zurück. Sie brachte ihm jeden Tag etwas zu essen, wenn sie zur Arbeit fuhr. Einmal lernte sie dabei einen netten Polizisten kennen, nachdem ihr ein Unbekannter einen Regenschirm aus dem Auto geklaut hatte. Der Polizist verliebte sich auf der Stelle in Marina und lud sie zum Essen ein. Er rief sie alle fünfzehn Minuten an, erschien dann aber nicht zur Verabredung. Wahrscheinlich war der Mann im Dienst erschossen worden, dachte sich Marina. Inzwischen hatte ihre Tochter ihren ersten Freund in der Schule kennen gelernt, einen cleveren Burschen. Der Junge schenkte der Tochter einfach ein Handy, über das er sie dann mit heißen E-Mails bombardierte. Das bereitete Marina große Sorgen. Immer wieder schärfte sie ihrer Tochter ein, bloß aufzupassen. Niemand weiß genau, wozu diese Technik von heute fähig ist.

Und der neue Freund von Marina, ein indischer Computeringenieur, bestätigte das auch.

Die russische Braut

In den letzten zehn Jahren, die ich in Berlin verbrachte, habe ich viele russisch-deutsche Ehepaare
kennen gelernt und kann nun behaupten: Wenn es
überhaupt ein universales Mittel gibt, das einen Mann
von all seinen Problemen auf einen Schlag erlösen
kann, dann ist es eine russische Braut. Kommt dir dein
Leben langweilig vor? Bist du arbeitslos? Hast du Min-
derwertigkeitskomplexe oder Pickel? Beschaff dir eine
russische Braut und bald wirst du dich selbst nicht
mehr wieder erkennen. Erst einmal ist die Liebe zu
einer Russin sehr romantisch, weil man viele Hindernisse überwinden muss, um sie zu bekommen. Man
muss beispielsweise bei der Ausländerbehörde seine
Einkommenserklärung einreichen, also beweisen, dass
man sich eine russische Braut überhaupt leisten kann.
Sonst bekommt die Frau keine Aufenthaltserlaubnis.
Ein Bekannter von mir, der als BVG-Angestellter anscheinend nicht genug verdiente, um seine russische
Geliebte heiraten zu dürfen, schrieb Dutzende von
Briefen an Bundeskanzler Schröder und bombardierte

außerdem das Auswärtige Amt mit Beschwerden. Es war ein harter Kampf. Aber er hat sich gelohnt: Jetzt hat der Mann eine Braut und eine Gehaltserhöhung dazu.

Ich kenne daneben viele Deutsche, die sich nach einer langen Zeit der Arbeitslosigkeit und Depression ganz schnell einen Job besorgten und sogar erfolgreich Karriere machten, nur weil sie sich in eine Russin verliebt hatten. Sie hatten aber auch keine andere Wahl, weil die russischen Bräute sehr, sehr anspruchsvoll, um nicht zu sagen teuer sind. Sie wollen nicht nur selbst immer anständig aussehen, sie bestehen auch darauf, dass der Mann immer nach dem letzten Schrei gekleidet ist, sodass er sich laufend neue teure Sachen kaufen muss. »Ist das wirklich nötig?«, fragen die Männer anfangs noch, aber dann fügen sie sich doch. Es muss eben alles stimmen. Zur Hochzeit will die russische Braut ein weißes Kleid, eine Kirche, ein Standesamt und anschließend ein gutes Restaurant mit möglichst vielen Gästen. Dann will sie sich voll dem Familienleben hingeben, aber gleichzeitig auch etwas Schönes studieren. Zum Beispiel Gesang an einer Privatschule. Das ist bei den russischen Bräuten sehr populär. Allein in Berlin kenne ich drei Frauen, die auf eine Gesangschule gehen, und das ist richtig teuer!

Die russische Braut ermutigt einen Mann, bringt neuen Sinn in sein Leben, beschützt ihn vor Feinden, wenn er welche hat, und hält immer zu ihm, auch wenn er Mist baut. Doch im täglichen Umgang mit ihr ist Vorsicht geboten. Sie braucht eine besondere Pflege und ist empfindsam.

Einen Konflikt mit ihr kann man leider nicht einfach mit einem Blumenstrauß beilegen. Es gehört etwas mehr dazu. Sollte es zu einer wirklichen Auseinandersetzung kommen, dann ist es am besten, schnell wegzulaufen. Im Zorn gleicht die russische Braut einem Tiger. Aus all dem folgt, dass es ganz wichtig ist, die Rechtsgrundlagen für die Existenz einer russischen Braut in der Bundesrepublik genau zu kennen. Die russische Redaktion des Senders SFB 4 »Radio MultiKulti« widmet sich oft diesem Thema, unter anderem in ihrem Programm »Ratschläge eines Juristen«.

»Ich habe vor kurzem einen jungen Deutschen geheiratet und bin zu ihm gezogen«, schreibt beispielsweise eine Russin aus Celle, »und nun habe ich eine Aufenthaltserlaubnis für drei Jahre von der deutschen Behörde bekommen. Wenn meinem Mann plötzlich etwas zustößt, zum Beispiel, wenn er bei einem Autounfall ums Leben kommt, wird mir dann mein Aufenthaltsrecht entzogen oder nicht?« »Sehr geehrte Frau aus Celle«, antwortet der Jurist, »in diesem Fall wird Ihnen das Aufenthaltsrecht nicht entzogen, aber es wäre trotzdem besser, wenn Ihr Mann noch ein paar Jahre länger leben würde.«

Nur die Liebe sprengt die Welt

Man bat mich, dem Manager eines Berliner Clubs in einer russischen Liebesangelegenheit zu helfen. Er hatte sich in einem Bordell in eine Landsfrau von mir verliebt und wollte sie da rausholen. Sie sprach und verstand jedoch kein Deutsch. Als wir uns trafen, erzählte mir die Frau, Diana, dass sie in Wahrheit einen ganz anderen Deutschen liebe. Ihn musste ich dann auch noch unbedingt kennen lernen: Frank arbeitete als Lüftungstechniker bei der BVG und hatte Diana ebenfalls im Bordell entdeckt. Das Mädchen stammte aus einem weißrussischen Dorf namens Goziki und war mit einem gefälschten polnischen Pass nach Berlin gekommen, um hier ihr Glück zu finden. Ihre Begegnung hatte beide zutiefst erschüttert, es war Liebe auf den ersten Blick. Frank überlegte nicht lange und machte Diana einen Heiratsantrag. Ihm war bewusst, dass dies eine riskante Sache war, da er das Mädchen kaum kannte. Doch bei sich in Spandau hatte er ständig einen Nachbarn vor Augen, einen Bauingenieur, der eine tschechische Prostituierte geheiratet hatte und bei dem alles hervorragend lief. Diana lehnte jedoch Franks Angebot zunächst ab. Sie war noch sehr jung, wollte erst einmal anständig Geld verdienen und dann später vielleicht eine Familie gründen. Der Laden, in dem sie jeden Tag Anschaffen ging, lief jedoch nicht gut. Der Bordellbesitzer war hoffnungslos in eines seiner Mädchen verliebt. Sie wurde ständig schwanger, hatte aber für den Mann nicht viel übrig. Dem Bordellbesitzer verging langsam die Lust am Leben, er betrank sich täglich und magerte ab. Daraufhin versuchten die anderen Mädchen ihn zu trösten – und wurden ebenfalls schwanger. Das Bordell verwandelte sich in eine Beziehungskiste.

Eines Tages verschwand der Besitzer und ließ die Frauen allein. Das Bordell wurde geschlossen. Diana rief in ihrer Verzweiflung die einzigen Stammkunden an, die sie hatte: zuerst den Manager des Berliner Clubs, dann den Lüftungstechniker. Schließlich kreuzte sie bei ihm in Spandau auf. Diesmal ging sie auf sein Heiratsangebot ein. Der Lüftungstechniker ließ sich für eine Woche krankschreiben und nahm bei der Noris-Bank einen Kredit über DM 5000,– auf. Dann fuhren beide nach Goziki in Weißrussland, um dort zu heiraten. Hier wurde Frank sofort mit den wilden weißrussischen Sitten konfrontiert. Noch auf dem Bahnhof klaute man ihnen das Gepäck. Die Brautjungfern beschuldigten Diana des Heimatverrats und schlugen ihr ein blaues Auge. Frank wurde ebenfalls von einigen Einheimischen aus patriotischen Gründen angegriffen. Danach wurden jedoch alle gute Freunde. Die Hochzeit fand im größten Saal des Dorfes statt, der Sporthalle der Grundschule. Frank kaufte fünf Kisten Wodka für die Männer und fünf Kisten Portwein für die Frauen. Das Fest dauerte zwei Tage und wäre noch weitergegangen, wenn Dianas Vater nicht alles versaut hätte. Er ging vor lauter Freude betrunken an den Goziki-Fluss, um ein Bad zu nehmen – und kam nicht wieder. Einen ganzen Tag lang bemühte man sich, seine Leiche aus dem Fluss zu bergen. Unmerklich ging die Hochzeit in ein Begräbnis über.

Danach fuhren die Neuvermählten nach Berlin zurück. Diana wurde an der deutsch-polnischen Grenze angehalten. Es stellte sich heraus, dass sie ein Einreiseverbot in die Schengenstaaten hatte, wegen ihres früheren gefälschten polnischen Passes. Frank musste alleine weiterfahren. Jeden Tag rief er bei der Ausländerbehörde an. Er schrieb ans Auswärtige Amt, an den Bundeskanzler, an die Familienministerin und an den Obersten Gerichtshof. Nach zwei Monaten hatte er das Unmögliche geschafft: Die sonst unbesiegbare Behördenmaschinerie gab ihrer Liebe nach, das Einreiseverbot für Diana wurde aufgehoben, und jetzt ist sie bereits wieder in Berlin. Was lehrt uns diese Geschichte? Dass Goethe doch Recht hatte und die Liebe immer noch stärker als alles andere ist.

Das Mädchen und die Hexen

Selbst heute noch schätzen viele materialistisch einge-
stellten Menschen metaphysische Erklärungen, weil
sie in Dingen, die andere unangenehm oder verächt-
lich finden, etwas höchst Bedeutungsvolles sehen.
Wenn einer mit sich unzufrieden ist, denkt er gleich,
das Bett muss in eine andere Ecke gestellt werden,
oder die Ausländer sind schuld oder sogar Außerirdi-
sche. Sich nicht selbst verantwortlich fühlen und alles
zugleich interessant finden, dieses Gefühl verdanken
wir der Metaphysik. Man sucht nach einem Wunder
zur Lösung aller Konflikte, nach einer augenblick-
lichen und endgültigen Errettung.

Als unsere russische Freundin Marina plötzlich von
ihrem Mann verlassen wurde, weil er sich nach zehn
Jahren Ehe in eine Ballerina verknallt hatte, erlitt sie
einen Schock. Die Welt ging unter, sie verlor zuse-
hends an Gewicht und konnte nicht mehr richtig
schlafen. Wir fanden die Geschichte ziemlich komisch,
denn seit Ewigkeiten hatte Marina die Kulturlosigkeit
ihres Mannes bekämpft. Er saß immer nur zu Hause

vor dem Fernseher und zeigte keinerlei Interesse am intellektuellen öffentlichen Leben. Und was passierte? Der Kerl gab irgendwann nach, ging ins Ballett und fiel prompt auf die erste Tänzerin herein, die er in seinem Leben gesehen hatte. Man hätte die Reaktion eines 45-jährigen Mannes, der vorher noch nie eine Ballerina aus der Nähe gesehen hatte, voraussehen können. Allerdings befand Marina, dass sie verhext sei, nämlich von der verstorbenen Mutter ihres ersten Mannes, und dass sie bestimmt sterben müsse, wenn es uns nicht gelänge, für sie in Berlin eine Hexe zu finden, die sie wieder fit machte.

Da ich mich auf dem Hexensektor überhaupt nicht auskannte, wandte ich mich an einen Freund, der bei uns in der Familie als ortskundig galt. Er schlug gleich zwei Hexen vor, die seiner Meinung nach dieser Aufgabe gewachsen seien: eine chinesische und eine afrikanische.

Frau U Ti empfing ihre Kundschaft in einer Gemeinschaftspraxis für Heilmedizin. Die Art der Zauberei, die sie ausübte, hieß Kinesiologie. Für DM 30,– beanspruchte sie, bald zu wissen, was Marina fehlte. Dazu nahm sie Marinas Hände und befragte ihre Muskeln auf Deutsch mit leicht chinesischem Akzent. Die russischen Muskeln reagierten leise und geschwächt. Trotzdem konnte Frau U Ti sie sehr gut verstehen. Nachdem sie sich mit Marinas sämtlichen Gliedern gründlich unterhalten hatte, schlug sie vor, für nur DM 60,– einen Heilextrakt für ihren armen Körper zusammenzustellen. Marina legte sich hin, Frau U Ti stellte verschiedene Gläschen auf ihre Brust und fragte jedes Mal den Körper, ob es die richtige Medizin sei. Nachdem die passende gefunden worden war, ging es Marina sogleich besser. Sie lachte sogar mit uns und war einige Tage fröhlich. Doch von der Hexerei war sie enttäuscht. Sie hatte sich etwas anderes darunter vorgestellt.

So beschlossen wir, uns auch noch an die afrikanische Hexe zu wenden. Sie empfing uns nicht in einem Keller, wo lauter Schädel auf dem Boden herumlagen, sondern in einer Berliner Dreizimmerwohnung mit Parkettboden und Polstergarnitur. Gleich an Marinas Augen stellte sie fest, dass unsere Freundin von Dämonen besessen war. Sie bot uns für DM 200,– ein sicheres und seit Jahrhunderten erprobtes Mittel an, die so genannte Melonenzeremonie. Dabei wird der Patientin unter Gesängen eine Melone auf den Bauch gebunden, mit der sie sich dann einen Tag und eine Nacht lang ins Bett legen muss. Die Krankheit wandert unterdessen in die Frucht, und wenn die Patientin diese schließlich am Boden zerschmettert, wird auch der Dämon zerschellen. Das war uns dann doch zu exotisch, und wir verschwanden.

Die heile Welt der Magie ist genauso eng wie die unsere. Eine Woche später bekamen wir einen Anruf von einer bereits über alles informierten jugoslawischen

Hexe. Als Beweis dafür, dass Marina verhext sei, schlug sie vor, ein Küchenmesser in einen Topf mit Wasser zu legen, diesen unter ihrem Bett über Nacht stehen zu lassen und am nächsten Tag in den Topf zu schauen. Wenn sich das Wasser verflüchtigt hatte, bedeutete das, die böse Macht betrat das Schlafzimmer und trank. Das Messer muss in dem Fall aus dem Fenster geworfen werden. Trifft es mit der Spitze auf die Erde, wird Marina geheilt. Da sie im 11. Stock eines Neubaus wohnt und unten immer Kinder spielen, traute sie sich nicht, das Messer aus dem Fenster zu werfen.

Für gerade mal DM 900,– bot die jugoslawische Hexe ihr stattdessen ein bis jetzt unübertroffenes Heilungsprogramm an: Marina sollte ihr eines ihrer Unterhöschen geben, mit diesem wollte sie dann nach Jugoslawien fahren und es dort in fünf verschiedenen Klöstern von fünf Priestern segnen lassen. Dann würde sie das Höschen zurückbringen, und Marina müsste es vierzehn Tage und vierzehn Nächte tragen. Daraufhin würde Marinas Mann auf dem schnellsten Wege wieder bei ihr aufkreuzen. »Aber ich will gar nicht, dass er zurückkommt«, erwiderte Marina, »außerdem ist in Jugoslawien doch Krieg!« Davon wusste die Hexe nichts. Wir gingen nach Hause, Marina war verunsichert: »Ob sie überhaupt mit meinem Höschen zurückgekommen wäre?« Ich antwortete nicht. Die heile Welt der Magie war für uns erst einmal erledigt.

Suleyman und Salieri

Mediendebatten hinterlassen doch Spuren im wirklichen Leben, dieses kleine Wunder habe ich vor kurzem entdeckt. In den Medien wird ein Thema aufgegriffen, ein Problem behandelt, wobei eine seriöse Zeitung eben ein seriöses Problem wie Ausländerfeindlichkeit und ihre Auswirkungen auf die Gesellschaft nimmt, eine weniger seriöse Zeitung greift ein weniger ernsthaftes Thema auf: »Wie reduziere ich mein Gewicht?« oder Ähnliches. Nun muss das Problem ausdiskutiert werden. Dafür braucht man mindestens zwei grundsätzlich verschiedene Meinungen. Zum Beispiel: »Man reduziert die Ausländerfeindlichkeit, indem man die Anzahl der Ausländer senkt.« Dagegen dann: »Man reduziert sie, indem man die Feindbilder im Bewusstsein der Bevölkerung mit Hilfe der Medien verschiebt und statt der Ausländer etwa Unternehmer zur Zielscheibe macht.«

Ähnlich funktioniert es auch mit den »Gewichtsproblemen«: Man kann sein Gewicht auf natürliche Weise reduzieren, indem man weniger isst oder eben anders, beispielsweise durch Fettabsaugen. Zwei Wochen lang wird das Thema diskutiert, dann wird es aus dem Blatt gekippt. Schon steht ein neues Problem zur Debatte. Es wird dadurch nichts gelöst, aber der Meinungsaustausch hinterlässt Spuren: Die Ausländerfeindlichkeit war vorübergehend ein großes Thema, und plötzlich entsteht ein Gefühl der Zusammengehörigkeit bei vielen, die nicht zusammengehören und früher vielleicht gar nichts voneinander wissen wollten – Araber, Juden, Chinesen, Türken –, weil sie genau diese »Ausländer« sind.

Hier ein Beispiel aus dem Leben: Ein russisches Theater, *Nostalgia,* versucht es mit Puschkins »Mozart und Salieri«. Mein Freund, der Schauspieler aus Smolensk, sollte Salieri spielen, einen bösen, depressiven Komponisten, der Mozart am Ende der Tragödie aus Neid und Frust vergiftet. Dabei ist mein Freund ein harmloser Typ, der seit fünf Jahren mit einer Französin, ebenfalls Schauspielerin, verheiratet ist und nicht einmal einer Fliege etwas zu Leide tun kann. Man sieht es ihm sofort an. Der Regisseur sagte zu ihm: »Greif tief in dich hinein, entdecke die dunklen Seiten deiner Seele. In jedem von uns steckt ein Verbrecher«, und so weiter.

Mein Freund, der Schauspieler aus Smolensk, gab sich ordentlich Mühe, setzte sich an die Bar, griff tiefer und tiefer in sich hinein. Nach dem achten Bier wurden die ersten seelischen Abgründe spürbar, das

Böse kam hoch, und er wurde zum Salieri. Als solcher ging er nicht zu Frau und Kind, die seit mehreren Stunden verzweifelt auf ihn warteten, sondern stieg in das Auto seiner Frau und fuhr ohne Führerschein mit überhöhter Geschwindigkeit von der falschen Seite in eine Einbahnstraße Richtung Wedding. Unterwegs riss er den Seitenspiegel eines Mercedes ab. Der Mercedesfahrer fuhr ihm nach und stoppte ihn. Ein Polizeiwagen kam zufällig ebenfalls in der Nähe vorbei. Für meinen Freund, den Schauspieler aus Smolensk, hätte dieser Zwischenfall die Ausweisung bedeuten können.

»Wie heißt du?«, fragte ihn der Mercedesfahrer, ein Türke. »Salieri!«, antwortete mein Freund. »Dachte ich mir gleich, dass du Ausländer bist.« Anstatt die Polizei zu rufen, brachte der Türke meinen betrunkenen Freund nach Hause und bekam von dessen Frau, der französischen Schauspielerin, hundert Mark für alles zusammen: für den Mann und den zerschlagenen Spiegel, was wirklich nicht viel war. Am nächsten Tag kam der Türke wieder. Es entwickelte sich eine Freundschaft, und der Bruder der Frau, ebenfalls ein Franzose, will nun einen Film über diesen Zwischenfall drehen.

So gibt eine Mediendebatte ganz nebenbei vielen Menschen die Chance, sich neu zu sehen, nicht als Türke oder Russe oder Äthiopier, sondern als ein Teil der großen Ausländergemeinschaft in Deutschland, und das ist irgendwie toll.

Russischer Telefonsex

Es gibt wirklich viele aufregende Sachen in Berlin: den neuen Reichstag neben dem sowjetischen Ehrenmal, die neugeborenen Elefanten im Friedrichsfelder Tierpark, russische Telefonsex-Nummern... Dabei versucht eine verzerrte Frauenstimme vom Tonband einem Trost zu spenden: »Mein Freund, ich weiß, wie einsam du dich fühlst in dieser grausamen, fremden Stadt, wo du jeden Tag durch die Straßen voller Deutscher läufst und niemand lächelt dir zu. Mach deine Hose auf, wir nostalgieren zusammen!«

Auf mich wirkt der russische Telefonsex, ehrlich gesagt, deprimierend. Gäbe es in der Stadt auch noch eine türkische Telefonsex-Nummer, könnte man sie vergleichen und daraus bestimmt eine Menge wertvoller soziologischer Erkenntnisse ableiten. Die russische Telefonsex-Nummer ist jetzt auch schon den Einheimischen zugänglich: Die Zeitung *Russkij Berlin* hat eine Kurzversion auf Deutsch ins Internet gestellt.

Und wie unterscheidet sich der russische von normalem deutschem Telefonsex?

In erster Linie dadurch, dass die russischen Mädels auch mal selbst anrufen. Einmal habe ich eine solche Unterhaltung auf Kassettenrekorder aufgenommen und kann sie nun jederzeit noch einmal genießen, ohne dafür DM 3,64 pro Minute zu bezahlen. Ich kann sie auch Freunden und Bekannten ausleihen, und zwar kostenlos! Sogar als Hörspiel für »Radio MultiKulti« kann ich sie aufbereiten, denn Telefonsex-Gespräche sind nicht geschützt.

Nachdem sich bereits mehrere Leute die Aufnahme angehört haben, kann ich nunmehr sagen: Der russische Telefonsex und wahrscheinlich auch der türkische hat eine noch viel größere Wirkung, wenn man die Sprache nicht versteht. Dann merkt man nämlich nicht, wie hinterhältig die Russen in Wahrheit sind – in diesem Fall, wie die Mädels sich verstellen. Es sind sogar großenteils ausgebildete Schauspielerinnen unter ihnen.

Gestern rief mich ein bekannter deutscher Theaterregisseur an, er gastierte gerade mit einem Stück von Heiner Müller auf einem Theaterfestival im sibirischen Tscheljabinsk.

»Wir waren die Krönung des Festivals«, erzählte er mir begeistert, »die lokale Presse hat sich vor Begeisterung schier überschlagen. Ich will die Zeitungskritiken jetzt dem Goethe-Institut in Moskau schicken, damit sie uns dort weiterhin unterstützen. Aber zur Sicherheit kannst du sie vielleicht vorher nochmal lesen?

Mein Russisch reicht dafür nicht aus.« Er faxte mir daraufhin den Text zu. Die Überschrift war bereits äußerst merkwürdig: »Für den bissigen Hund sind sechs Meilen kein Umweg.« Weiter schrieb die Theaterkritikerin aus Tscheljabinsk: »Was verbirgt sich hinter dem glänzenden Heiner-Müller-Etikett dieser deutschen Truppe? Verachtung des Publikums, krankhafte Selbstbefriedigung oder völlige Ratlosigkeit gegenüber der Gegenwart? Die Polen waren zwar auch bekifft, dafür hatten sie aber mehr Kultur.«

Die Systeme des Weltspiels

Vietnamesen spielen leidenschaftlich gern Black Jack, die Kasinoausgabe des hinlänglich bekannten 17 und 4. Dabei gehen sie den Croupiers völlig auf die Nerven. Vietnamesen spielen nach dem »vietnamesischen System«: Wenn sie mit zwei Karten 13 oder 14 Punkte haben, nehmen sie keine dritte Karte auf, was für oberflächliche Franzosen eine Selbstverständlichkeit wäre. Vietnamesen wissen nämlich, dass Überschuss eindeutig Niederlage bedeutet, und lassen den Croupier schwitzen. Die Wahrscheinlichkeit ist auf ihrer Seite, die hiesige Spielermoral dagegen nicht. Auf diese Weise gewinnen Vietnamesen jedoch beim Black Jack. Nicht umsonst haben sie alle den so genannten asiatischen Fleck auf dem Schenkel, der als Glücksbringer beim Kartenspielen gilt. Außer Vietnamesen haben auch Mongolen und Chinesen den blauen Fleck auf dem Schenkel, aber sie spielen nicht Black Jack.

Russen spielen selten Black Jack, aber oft und gerne Poker. Die zwei einzigen Pokertische des Spielkasinos im Berliner Europa-Center erinnerten mich

mit ihrer Belegschaft an Parteisitzungen des Polit-
büros. Schnurrbärtige ältere Männer in grauen An-
zügen betrachten vorwurfsvoll den Araber im karier-
ten Hemd, der nicht konsequent pokert, weil er kein
System hat! Russen gewinnen beim Pokern, weil sie
ein System haben. Das »russische System« eben. Un-
abhängig davon, welche Kombination man gerade
hat, man macht ein Full-House-Gesicht und strahlt
Sicherheit aus, bis die Partie vorbei ist. Etwa so wie
der russische Präsident, der nach diesem System über
Jahre sehr überzeugend den ewig Jungen spielte,
immer von Journalisten umgeben – Hauptsache niemand stolperte über Verlängerungskabel.

Zuerst denken oberflächliche Franzosen, die Russen spinnen, aber dann geben sie nach. Sie geben
nach! Während die Männer an den Pokertischen die
Araber ausnehmen, verlieren die russischen Frauen
beim Roulette. Sie haben auch ein System: Sie setzen
immer auf eine Farbe, und wenn sie verlieren, wird der
Einsatz verdoppelt. Denn alle russischen Frauen wissen, was der Akademieprofessor Doktor Kapiza in
seiner Fernsehsendung »Unglaublich, aber wahr« einmal sagte: »Gute 3-mal kann Schwarz hintereinander
kommen, aber niemals 14-mal.« Mit Rot sieht es nicht
so rosig aus.

Rot kann 17-mal hintereinander kommen. Die russischen Frauen sind ungeduldig. »Wenn sie auf der elek-
tronischen Anzeigetafel sehen, dass Schwarz fünfmal

hintereinander gekommen ist, steigen sie sofort auf Rot ein. Auf diese Weise gewinnen russische Frauen, verlieren aber dann trotzdem, weil sie alles Gewonnene wieder auf irgendeine blöde Zahl setzen wie zum Beispiel die 16. Warum sie es tun, keine Ahnung. Vielleicht, weil sie so einen Fleck auf dem Schenkel nicht haben.

Wenn thailändische Frauen Black Jack spielen, hören alle anderen auf. Denn gegen Thailänder hat man beim Black Jack keine Chance. Ich habe sie schon stundenlang beim Spielen beobachtet und versucht, das thailändische System zu entschlüsseln. Sogar den Hals hätte ich mir dabei fast verrenkt. Alles umsonst! Mit großer Bewunderung musste ich feststellen, dass die Thailänderinnen schon nach wenigen Spielen die 72-Karten-Reihenfolge auswendig können. Dadurch erhöhte sich die Wahrscheinlichkeit des richtigen Handelns um hundert Prozent. Mit solchen Fähigkeiten könnten sie schon längst im Geld schwimmen, aber sie wollen ihr Geheimnis nicht preisgeben. So müssen die Thailänderinnen vorsichtshalber alles immer wieder verlieren.

Die Spielbank Berlin sieht manchmal aus wie eine Sondersitzung der UNO. Ich glaube sogar, dass in der Spielbank weit mehr Nationen vertreten sind als bei einer gewöhnlichen UNO-Sitzung. An jedem Tisch wird verhandelt, welches System am besten funktioniert, die Lage ist gespannt, die Kugeln drehen ihre Runden, die Karten flimmern vor den Augen. Mir wird leicht schwindlig, und ich setze mich an die Bar. Eigentlich kommen hier nur Gewinner hin, die an einem Abend die ganze Spielbank leer räumen könnten. Um ihren Spaß und ihren Status zu behalten, müssen sie jedoch letztendlich alles Gewonnene wieder verspielen.

Die Frau am Tresen heißt Lisa. Sie kommt aus England, wie auch ihr Freund, der als Croupier am Pokertisch arbeitet. Die Angestellten der drei großen Berliner Kasinos dürfen in Berlin nicht spielen. Wenn sie von der Verwaltung erwischt werden, sind sie ihren Job los. Lisa erzählte mir, wie schwer es ist, den ganzen Tag zuzusehen, wie andere spielen, und selbst nicht mitmachen zu dürfen. So muss sie immer wieder der Versuchung widerstehen. Das ist sehr anstrengend. Um sich zu entspannen, verbringen die beiden Engländer ihren Urlaub oft auf Malta, wo die Spielkultur sehr verbreitet ist und man schon für einen Vierteldollar dazugehört. Dort ziehen sie Nacht für Nacht durch die Kasinos, nie gehen sie an den Strand.

Als ich Lisa nach dem englischen System fragte, schüttelte sie ausweichend den Kopf. Einmal hatte ihr Freund Willy das so genannte Zero-System beim Roulettespiel entdeckt. Für diese Entdeckung hatten beide einen teuren Preis bezahlt – sie verspielten ihre gesamte Urlaubskasse in einer Nacht. Seit diesem Vorfall sind sie fest davon überzeugt, dass es beim Glücksspiel nur um den Zufall geht.

Die Türken denken anders und spielen leidenschaftlich gern an Automaten. Vor allem an denen, die einen Hebel haben, den man ganz toll runterziehen kann. Weil sie temperamentvoll sind und sportbegeistert. Das türkische System geht folgendermaßen: Zuerst suchen sie sich einen Automaten, der schon lange nichts rausgerückt hat. Dann warten sie ab, bis der leichtsinnige Franzose mit leeren Taschen nach Hause geht, und füttern den Automaten so lange mit 5-Mark-Münzen, bis er endlich aufgibt und mit Musik und Geflacker »Check Point« aufleuchtet. Bei diesem System darf man niemals sparen und auch nie weniger als fünf Mark einwerfen, sonst klappt es nicht mit dem »Check Point«.

Die Deutschen mischen sich systemlos überall ein. Sie pokern, hopsen an die Black-Jack-Tische, ziehen dem Automaten den Hebel runter und verfolgen die Kugel in der Rouletteschüssel. Wenn sie gewinnen, freuen sie sich nicht, wenn sie verlieren, bleiben sie gleichgültig. Im Grunde genommen sind sie nicht aufs Spiel aus. Die Deutschen gehen ins Kasino, weil sie weltoffen und neugierig sind. Dort lernen sie die Systeme anderer Nationen kennen, die sie im Grunde aber auch nicht sonderlich interessieren.

Einmal, es war lange nach Mitternacht, ging im Kasino das Licht aus. Alle Systeme wurden durcheinandergebracht, die Spieler aller Nationen fluchten, jeder in seiner Sprache. Es hörte sich wie der letzte Tag von

Babylon an. In diesem Moment ist mir klar geworden, dass all diese Menschen, wie unterschiedlich sie auch waren, nur das eine wollten: Strom.

Die Mücken sind anderswo

mosquitoes?

Auf mich wirkt Berlin wie ein Kurort. In erster Linie wegen des milden Wetters. Im Sommer ist es selten heiß, im Winter nie richtig kalt. Und es gibt ganz wenige Mücken, hier im Prenzlauer Berg eigentlich gar keine. In New York gefährden die Moskitos den Straßenverkehr, sie übertragen Krankheiten und sorgen dort ständig für Epidemien. In Moskau ist die Mückenproblematik auch aktuell. Als ich letztens dort war, habe ich gesehen, wie ein Fernsehmoderator mitten bei der Übertragung der letzten Nachrichten sich selbst plötzlich eine Ohrfeige verpasste und wie die Obdachlosen eine Mückensuppe auf der Straße kochten. Überall auf der Welt gibt es Mücken. Nur hier nicht, das ist selbstverständlich nicht der einzige Grund, warum mir Berlin so gefällt. Die Menschen finde ich auch cool. Die meisten Bewohner der Hauptstadt sind ruhig, gelassen und nachdenklich. Wenn man überlegt, was so alles passiert ist in den letzten Jahren: der Mauerfall, die Wiedervereinigung, die Schließung des Kasinos im Europa-Center... Trotzdem drehen nur wenige durch. Die Berliner tun stets, was sie für richtig halten und haben am Leben Spaß. In Moskau dagegen kam es zu einer Serie von Selbstmorden, als die Tagesschau einmal zwanzig Minuten später gesendet wurde, und viele flohen aus der Stadt, weil sie dachten, die Welt gehe unter. Laut Statistik haben in Russland nur 17,8 Prozent der Bevölkerung an ihrem Leben Spaß. Zu viele Mücken wahrscheinlich. Deswegen ziehe ich Berlin vor.

Neulich traf ich auf der Schönhauser Allee meinen Nachbarn, den Vietnamesen aus dem Obst & Gemüse-Geschäft. Er hat sich eine Dauerwelle verpassen lassen. Sein Weg zur Integration. Jetzt sieht er wie Paganini aus. »Du bist ein Paganini, Chack!«, sagte ich zu ihm. »Ein Paganini!« »Habe ich nicht«, sagte er zu mir, »aber Zucchini, hier, bitte schön!« Wir stehen beide an der Schönhauser Allee, er mit der Dauerwelle auf dem Kopf und einer Zucchini in der Hand, ich daneben. Wo sind nur die japanischen Touristen mit ihren teuren Kameras? Sie sind wahrscheinlich im Stau stecken geblieben, nicht jeder Touristenbus schafft die Schönhauser Allee auch nur bis zur Hälfte.

Natürlich hat Berlin auch Makel. Die Nazis zum Beispiel. Vor zwei Wochen hatten an der Schönhauser die REPs einen Wahlauftritt. Unter einem großen Werbeplakat »Mal zeigen, was ne' Harke is«, verteilten zwei Jungs die Flyer. Aus dem Lautsprecher tönte »Pretty Woman«. »Kommt näher, wir zeigen euch was«, beschwor einer der Jungen die Fußgänger. Die Passanten wahrten Distanz. Wahrscheinlich hatten sie Angst vor der mysteriösen Harke. Was eine Harke ist, wusste ich nicht so richtig und fragte zwei ältere Frauen, die neben mir standen. »Was eine Harke ist? Na ja, dat is so was wie eine Schaufel, nur etwas anjespitzt», antwortete die eine Frau. »Für Gartenarbeit.« »Mehr für den Friedhof«, erwiderte die andere. »Das werde ich mir merken«, sagte ich. »Ach, das müssen Sie nicht, das ist kein gutes Wort. So sind sie nun, unsere Nazis, die denken sich immer wieder neuen Blödsinn aus«, beruhigten mich beide Frauen. Ich ging nach Hause. Es gibt überall Menschen, die einem eine Harke zeigen wollen, in Russland, in Amerika, in Vietnam. Dafür ist es hier mückenfrei.

Spring aus dem Fenster

Das Asylrecht in Deutschland ist launisch wie eine Frau, deren Vorlieben und Zurückweisungen nicht nachvollziehbar sind. In den einen Asylbewerber verliebt sich das Asylrecht auf den ersten Blick und lässt ihn nicht mehr gehen. Den anderen tritt es in den Arsch. Neulich auf der Schönhauser Allee traf ich einen alten Bekannten, der offensichtlich Pech mit dem Asylrecht hatte. Schon zweimal versuchte er, sich beliebt zu machen, doch immer wieder wurde er abgeschoben. Ein anderer an seiner Stelle hätte es längst aufgegeben. Er verlor aber trotzdem nicht die Hoffnung und schleuste sich jedes Mal illegal zurück.

Nun lief er mit einem eingegipsten Bein durch die Stadt. Als ich ihn fragte, was passiert sei, erzählte er mir die dramatische Geschichte seiner letzten Verhaftung. Er war die Greifswalder Straße runter zum Obi-Markt gefahren. Die Polizei hielt ihn an, weil er nicht angeschnallt war. Nachdem sie seine Papiere überprüft hatten, stellten sie zu ihrer Begeisterung fest, dass er einer der vielen gesuchten Männer war, die

schon seit langem abgeschoben werden sollten. So
landete er im Abschiebeknast. Er kannte die Spiel-
regeln: Bevor die Abschiebung vollzogen wird, bekommt der Illegale noch die Möglichkeit, seinen letzten Aufenthaltsort aufzusuchen und seine Sachen
einzupacken. Im Knast besuchte ihn ein Freund und
brachte ihm ein paar Kleinigkeiten. Als die beiden sich
verabschiedeten, flüsterte der Freund ihm zu: »Spring
aus dem Fenster.«

Einen Tag später, als mein Bekannter in Begleitung
von zwei Polizisten zu seiner Wohnung in der Greifswalder Straße geführt wurde, wo sie ihm die Handschellen abnahmen, folgte er dem Rat seines Freundes
und sprang vom zweiten Stock aus dem Fenster. Der
Freund hatte ihn nicht betrogen. Er wartete unten und
hatte auch alle notwendigen Vorkehrungen zum Auf-
fangen getroffen. Aber er stand unter dem falschen
Fenster. Außerdem hatte mein Bekannter die Distanz
falsch eingeschätzt, war zu weit gesprungen und gegen
eine Straßenlaterne geprallt. Glücklicherweise konnte
er sich an einem NPD-Plakat »Mut zur Wahl – wähle
National« festhalten. Mit diesem rutschte er dann
langsam nach unten. Sein Freund schleppte ihn ins
Auto. Nur das NPD-Plakat blieb zurück. Einige Stunden später stellte mein Bekannter fest, dass sein Bein
immer mehr anschwoll. Er ging zum »Chirurgen«,
einem illegalen russischen Arzt, der in seiner illegalen
Praxis illegale Patienten von legalen Krankheiten heilt.

Der »Chirurg« untersuchte ihn und diagnostizierte einen Beinbruch. Jetzt muss mein Bekannter mindestens einen Monat lang mit einem Gipsbein herumlaufen, und das Autofahren kann er erst mal auch vergessen.

»Eines habe ich aber aus der Geschichte gelernt«, sagte er zu mir und nahm einen kräftigen Zug aus meiner Zigarette: »Man muss sich immer anschnallen!«

Ein verlorener Tag

Der Kulturredakteur einer Zeitung ruft mich an. Ich soll mir irgendwas zum Thema Jugendkultur einfallen lassen. Und das um 10.00 Uhr früh. Was ist das überhaupt, Jugendkultur? Ich rufe meinen Freund Kolia an, der immer über alles Bescheid weiß. Er sagt, ich sollte vielleicht *MTV* ankucken, je länger desto besser. Sie fangen um acht an, die Einführung habe ich schon verpasst. Was soll's. Ich schalte den Fernseher an: Dicke schwarze Männer tanzen um einen Baum herum. Das Telefon klingelt. Ein gewisser Herr Kravchuck, ein Reporter von *Spiegel spezial*, meldet sich und mault, er hätte für seinen Beitrag über in Berlin lebende osteuropäische Intellektuelle so gut wie gar keine passenden Kandidaten gefunden. Bei den Russen hatte er nur ein paar ältere, frustrierte Typen aufgetrieben und Bulgaren gar keine. Ich rege mich auf. Wie bitte? Keine Bulgaren? Die sind doch überall, man erkennt sie ja nur nicht, weil sie die Deutschen so perfekt nachmachen. Jedes Orchester in Deutschland hat einen bulgarischen Dirigenten, die gesamte Uniprofessorenschaft besteht hauptsäch-

lich aus Bulgaren, dann gibt es noch den Stockhausen-
preisträger, und zu guter Letzt das Bulgarische Kul-
turinstitut. Und wenn es um osteuropäische Intellektuelle geht, dann gibt es, verdammt noch mal, mich. Der
Spiegelmann schreibt sich das alles auf und meint auch,
dass ich unbedingt in die Sonder-Ausgabe rein muss.

»In 20 Minuten kommt der Fotograf und macht die
Fotos von Ihnen.« Ich ziehe schnell die Hosen an und
suche nach einem sauberen Hemd. Gleichzeitig kucke
ich weiter *MTV* in Sachen Jugendkultur. Die dicken
schwarzen Männer drehen noch immer unverdrossen
ihre Runden um den Baum. Der Fotograf heißt Karsten und will mich in einer Menschenmenge fotografie-
ren, das Lieblingsklischee für die Darstellung des osteuropäischen Intellektuellen: ein Fremder, doch irgendwie einer wie du und ich. Ich muss 23-mal die
Schönhauser Allee hin und her laufen. Und es klappt
immer noch nicht. Die Menschenmenge erkennt sofort
den Mann mit der Kamera und rennt auseinander.
Schließlich ändert Karsten seine Taktik. Er versteckt
sich in der Menschenmenge und wartet auf eine güns-
tige Gelegenheit. Dabei wird ihm sein Handy geklaut.
Nach zwei Stunden bin ich wieder zu Hause. Im Fernsehen gehen Beavis und Butthead ins Kino. Okay,
Jungs, ich bin wieder da, es kann losgehen, die Jugendkultur also. Ich, Beavis und Butthead kucken uns den
Clip von der Gruppe *Prodigy* an. Irgendetwas ist da mit
dem Koffer passiert, er rollt runter zum Fluss und acht

verschwitzte Männer rennen ihm hinterher. Sie fallen dann alle in den Fluss, Ende der Geschichte. Die dicken Schwarzen setzen ihre Runden um den Baum fort. Der eine von ihnen verblutet. »Warum springt er so rum?«, fragt Butthead. »Ich weiß nicht«, sagt Beavis, »vielleicht hat man ihm die Sonderausgabe von *Spiegel spezial* über osteuropäische Intellektuelle in den Arsch gesteckt. HAHAHA! Und angezündet. HIHIHI!«

Das Telefon klingelt. Der Rundfunkredakteur von der russischen Redaktion »MultiKulti« erzählt, dass heute Abend im Kino *Arsenal* der erste sowjetische Science-Fiction-Film, »Aelita«, aus dem Jahre 1924 gezeigt wird. Ich solle darüber berichten und unbedingt Originaltöne liefern. Das Aufnahmegerät und ein Mikro liegen beim SFB schon bereit, ich muss die Sachen nur abholen.

Die 45 Minuten in der U-Bahn widme ich ein paar Gedanken zur Jugendkultur. Null Ergebnis. Ärgerlich, ich habe zu diesem Thema gar nichts zu sagen. Der Junge gegenüber blättert in einer Zeitschrift und grinst. Das ist es! Die Jugendkultur! Ich setze mich zu ihm und frage ihn, was er da Schönes liest. Einen Ikea-Katalog.

Alles klar, Gerät ist abgeholt und bereit. Der Film beginnt um 19.00 Uhr. Zehn Minuten vor sieben bin ich schon im Zuschauerraum. Ich setze mich in die dritte Reihe, genau gegenüber von dem großen Lautsprecher, und bereite alles für die Aufnahme vor. Um sieben beginnt der Film. Er handelt von einer Revolution auf dem Mars. Der Herrscher des Mars, bewaffnet mit einem Glasmesser, rennt einer jungen Frau mit wackelndem Arsch hinterher, die Frau macht den Mund auf. Daraus sollen jetzt die Hilfeschreie kommen, aber vergeblich halte ich mein Mikro in der Hand. Der Film ist absolut still und stumm. So stumm, wie es nur russische Stummfilme aus dem Jahre 1924 sein können.

Eine peinliche Situation. Im Saal herrscht Friedhofsstille. Ich nehme meine Sachen und gehe vorsichtig nach draußen, das Mikro in der Hand. Im Foyer werde ich von Mitarbeitern des Kinos ausgelacht. Sie hätten ja so tun können, als wäre nichts passiert. Es kommt schließlich nicht jeden Tag ein Rundfunkjournalist zu einem Stummfilm.

Auf dem Weg nach Hause denke ich wieder über die Jugendkultur nach. Die Jugendlichen in der U-Bahn sehen für mich alle wie Beavis und Butthead aus. Zu Hause – *MTV.* Björk weist mit dem Finger auf ein dickes Buch. Der Text auf dem Bildschirm lautet: Extra für diesen Clip hat Björk lesen gelernt. Drei Literaturredakteure haben mit Björk drei Monate lang gearbeitet. Tolle Leistung. Ich telefoniere wieder mit dem Zeitungskulturredakteur, er solle die Aufgabe etwas konkretisieren. Will er eine ernsthafte Untersuchung der Jugendkultur haben? Beschiss! Er meinte die Judenkultur, nicht die Jugendkultur. Am besten gehe ich heute noch einen trinken. Es war ein verlorener Tag.

Die Frau, die allen das Leben schenkt

Unsere Freundin Katja begeisterte sich für Castaneda. Sie las alle seine Bücher, die sie kriegen konnte, kaufte Meskalin-Kakteen und obendrein eine spezielle Heizlampe für DM 160,–. Sie fuhr oft zu geheimen Treffen, wo sie mit anderen Castaneda-Fans gemeinsame spirituelle Erfahrungen machte. Und das sogar mehrmals. Nach relativ kurzer Zeit konnte sie ohne jegliche Anstrengung ihr Bewusstsein von ihrem Unterbewusstsein und ihren Körper von ihrem Geist trennen. Auf diese Weise verschaffte sich Katja ständigen Zugang zur astralen Welt, in der sie viele interessante Persönlichkeiten kennen lernte, unter anderem Castaneda selbst. Es lief hervorragend, bis sich eines Tages der Geist und der Körper nicht wieder zusammenfanden und beide in getrenntem Zustand in die psychiatrische Abteilung der Königin-Elisabeth-Herzberg-Klinik in Lichtenberg eingeliefert wurden. Dort setzte man Katja mit Hilfe der modernen Medizin – wozu unter anderem eine »Schlagzeugtherapie« gehörte – wieder zusammen. Ihre Gesundheit normalisierte sich, doch der Zugang zur astralen Welt wurde ihr streng verboten.

Unter Anleitung eines Arztes überdachte Katja ihr Leben gründlich und kam zu der Überzeugung, dass ihre Lebensaufgabe darin bestand, neues Leben in die Welt zu setzen. Bescheiden fing sie mit Hunden an. Ihr Mann, ein nicht besonders erfolgreicher Geschäftsmann, hatte gerade Pech mit einer neuen Geschäftsidee gehabt: Er wollte mit einem Getränkeverkauf bei der Love Parade reich werden. Irgendwelche Schurken hatten ihm jedoch einen Standplatz auf der falschen Straße verschafft. Den ganzen Tag wartete er vergeblich auf durstige Raver, aber stattdessen kam nur eine alte Frau vorbei, die ihm aus Mitleid eine warme Eislimonade abkaufte. Nun saß er unglücklich auf sechzig Bier- und Limo-Kisten und wusste nicht, wie er sie wieder loswerden sollte. Katja überredete ihn, sich noch einmal Geld zu pumpen und ein Pärchen Shar-Pei-Hunde zu kaufen. Mit der Züchtung dieser chinesischen Hunderasse sollte all das verlorene Geld wieder eingespielt werden.

Schon nach fünf Monaten liefen fünf süße Welpen durch die Wohnung. Die Shar-Pei-Hündchen brauchten eine besondere Pflege. Ihre Augenlider mussten ständig abrasiert werden und sie durften nicht die Treppe herunter laufen, weil sie dann wegen ihres zu großen Kopfes und des zu kleinen Hinterns sofort umkippten. Katja betreute sie Tag und Nacht, verkaufte jedoch keinen Einzigen. Nachdem alle fünf zu riesengroßen Hunden herangewachsen waren, verlor Katja jegliches Interesse an ihnen. Sie teilte die Wohnung mit Eisengittern und Maschendraht auf: Den einen Teil, der auch das Badezimmer einschloss, übernahmen die Hunde, in der anderen Hälfte widmete sich Katja ihren Pflanzen, die sie sich inzwischen gekauft hatte. Sie schaffte das Unmögliche: Nach einem halben Jahr sah ihr Zimmer wie ein Urwald aus. Nur die dazugehörigen Singvögel konnten sich nicht einleben. Sie fielen einem überraschenden Shar-Pei-Angriff zum Opfer.

Um ihren heimischen Urwald neu zu beleben, widmete sich Katja dem Kinderkriegen. Sie musste lange dafür kämpfen. Zum einen mit ihren Ärzten – einen verklagte sie sogar, weil er an ihrer Fähigkeit, schwanger zu werden, gezweifelt hatte. Zum anderen mit ihrem eigenen Mann, der sich jedoch schon gar nicht mehr in die Wohnung traute und seit über einem Jahr nicht mehr auf dem Klo gewesen war. Katja überwand alle Hindernisse mit Bravour. Nun wachsen bereits zwei Babys in Katjas Urwald auf, zwei Mädchen: Deborah und Susann. Sollten sie es schaffen jemals erwachsen zu werden, werden sie bestimmt über prächtige Lebensqualitäten verfügen. Tarzan und Jane würden sich vor Neid und Missgunst an der nächsten Liane aufhängen.

Geschäftstarnungen

Einmal verschlug mich das Schicksal nach Wilmers-
dorf. Ich wollte meinem Freund Ilia Kitup, dem Dichter aus Moskau, die typischen Ecken Berlins zeigen.

Es war schon Mitternacht, wir hatten Hunger und
landeten in einem türkischen Imbiss. Die beiden Verkäufer hatten augenscheinlich nichts zu tun und tranken in Ruhe ihren Tee. Die Musik aus dem Lautsprecher kam meinem Freund bekannt vor. Er erkannte
die Stimme einer berühmten bulgarischen Sängerin
und sang ein paar Strophen mit.

»Hören die Türken immer nachts bulgarische Musik?« Ich wandte mich mit dieser Frage an Kitup, der
in Moskau Anthropologie studierte und sich in Fragen
volkstümlicher Sitten gut auskennt. Er kam mit den
beiden Imbissverkäufern ins Gespräch.

»Das sind keine Türken, das sind Bulgaren, die nur so
tun, als wären sie Türken«, erklärte mir Kitup, der auch
ein wenig bulgarisches Blut in seinen Adern hat. »Das
ist wahrscheinlich ihre Geschäftstarnung.« »Aber wieso
tun sie das?«, fragte ich. »Berlin ist zu vielfältig. Man

muss die Lage nicht unnötig verkomplizieren. Der Konsument ist daran gewöhnt, dass er in einem türkischen Imbiss von Türken bedient wird, auch wenn sie in Wirklichkeit Bulgaren sind«, erklärten uns die Verkäufer.

Gleich am nächsten Tag ging ich in ein bulgarisches Restaurant, das ich vor kurzem entdeckt hatte. Ich bildete mir ein, die Bulgaren dort wären in Wirklichkeit Türken. Doch dieses Mal waren die Bulgaren echt. Dafür entpuppten sich die Italiener aus dem italienischen Restaurant nebenan als Griechen. Nachdem sie den Laden übernommen hatten, waren sie zur Volkshochschule gegangen, um dort Italienisch zu lernen, erzählten sie mir. Der Gast erwartet in einem italienischen Restaurant, dass mit ihm wenigstens ein bisschen Italienisch gesprochen wird. Wenig später ging ich zu einem »Griechen«, mein Gefühl hatte mich nicht betrogen. Die Angestellten erwiesen sich als Araber.

Berlin ist eine geheimnisvolle Stadt. Nichts ist hier so, wie es zunächst scheint. In der Sushi-Bar auf der Oranienburger Straße stand ein Mädchen aus Burjatien hinter dem Tresen. Von ihr erfuhr ich, dass die meisten Sushi-Bars in Berlin in jüdischen Händen sind und nicht aus Japan, sondern aus Amerika kommen. Was nicht ungewöhnlich für die Gastronomie-Branche wäre. So wie man ja auch die billigsten Karottenkonserven von Aldi als handgeschnitzte Gascogne-Möhrchen anbietet: Nichts ist hier echt, jeder ist er selbst und gleichzeitig ein anderer.

Ich ließ aber nicht locker und untersuchte die Lage weiter. Von Tag zu Tag erfuhr ich mehr. Die Chinesen aus dem Imbiss gegenüber von meinem Haus sind Vietnamesen. Der Inder aus der Rykestraße ist in Wirklichkeit ein überzeugter Tunesier aus Karthago. Und der Chef der afroamerikanischen Kneipe mit lauter Voodoo-Zeug an den Wänden – ein Belgier. Selbst das letzte Bollwerk der Authentizität, die Zigarettenverkäufer aus Vietnam, sind nicht viel mehr als ein durch Fernsehserien und Polizeieinsätze entstandenes Klischee. Trotzdem wird es von den Beteiligten bedient, obwohl jeder Polizist weiß, dass die so genannten Vietnamesen mehrheitlich aus der Inneren Mongolei kommen.

Ich war von den Ergebnissen meiner Untersuchungen sehr überrascht und lief eifrig weiter durch die Stadt, auf der Suche nach der letzten unverfälschten Wahrheit. Vor allem beschäftigte mich die Frage, wer die so genannten Deutschen sind, die diese typisch einheimischen Läden mit Eisbein und Sauerkraut betreiben. Die kleinen gemütlichen Kneipen, die oft »Bei Olly« oder »Bei Scholly« oder ähnlich heißen, und wo das Bier immer nur die Hälfte kostet. Doch dort stieß ich auf eine Mauer des Schweigens. Mein Gefühl sagt mir, dass ich etwas Großem auf der Spur bin. Allein komme ich jedoch nicht weiter. Wenn jemand wirklich weiß, was sich hinter den schönen Fassaden einer »Deutschen« Kneipe verbirgt, der melde sich. Ich bin für jeden Tipp dankbar.

Der türkische Kater

Unser türkischer Kater verschwand eines Tages genauso plötzlich, wie er vor sieben Jahren bei uns im Weddinger Hinterhof aufgetaucht war. Damals entdeckte ihn meine Frau auf unserer Treppe. Zwei Tage saß er im Treppenhaus und bewegte sich nicht von der Stelle. Er war groß und schwarz, mit zwei weißen Pfoten. Wir adoptierten ihn sofort und gaben ihm den Namen Masja. Masja verschmähte jegliche Katzennahrung. Er nahm nur türkische Produkte wie Kebab und Fladenbrot zu sich. Daraus schlossen wir, dass er aus einer türkischen Familie stammte. Alle Versuche, den Kater in unsere Gesellschaft zu integrieren, scheiterten. Anstatt die Gemütlichkeit in der Wohnung zu heben, sorgte er ständig für Stress und hinterließ überall Chaos. Masja benahm sich wie ein echter Macho – er kam und ging, wann es ihm passte, ließ sich so gut wie nie streicheln und rannte durch die Wohnung wie ein Besessener. Jedes Mal, wenn er die Tür nicht erwischte und gegen die Wand donnerte, tat er so, als hätte er genau das gewollt. Freitags kackte er immer in

die Badewanne. Er hatte unsere Badewanne zu seiner
Moschee gemacht.

Auf dem Hof geriet Masja in eine komplizierte Situation. Er begann eine Affäre mit einer älteren Katze,
die seine Mutter hätte sein können. Sie wurde schwanger und bekam fünf Babys. Mit einem bändelte dann
Masja an. Die junge Katze war ihm Geliebte, Schwester und Tochter in einem. Sie wuchs heran, und bald
sollte der Tag kommen, da sie auch noch Mutter
wurde. Um eine weitere Eskalation des Inzests in unserem Hof zu verhindern, beschloss ich, Masja kastrie-
ren zu lassen. Er ahnte meine Absicht und versteckte
sich. Am Freitag warteten wir auf ihn in seiner Moschee im Badezimmer. Als er dort wie immer pünktlich erschien, packte ich ihn in die große Reisetasche
und brachte ihn zum Tierarzt. Masja bekam eine Ke-
tamin-Spritze, und seine Augen glänzten wie zwei
Zwei-Mark-Stücke.

Blitzschnell entfernte der Arzt seine Hoden. »Sie
haben einen sicheren Schnitt«, sagte ich begeistert zu
ihm. »Macht hundert Mark«, erwiderte er. Ich erhoffte
mir durch diese Operation einen Neuanfang für
Masja: Vielleicht würde er sich kastriert leichter in
unsere Gesellschaft einfügen? »Weniger Eier, mehr
Toleranz«, dachte ich. Die nächsten zwei Tage verbrachte Masja auf einem Ketamin-Trip. Als seine
Augen wieder normal waren, ging er nach draußen auf
den Hof – und kam nicht wieder. Einen ganzen Monat

lang warteten wir auf ihn. Dann beschlossen wir, uns ein neues Haustier zuzulegen. Diesmal sollte es aber etwas Exotisches sein. Ich blätterte in der Wochenzeitung *Russkij Berlin* und fand dort drei Anzeigen, in denen es, so vermutete ich, um Haustiere ging: »Mädchen-Boxer von bösen Eltern sucht neues Zuhause«, »Ein schneeweißer Perser, in Klammern: Kater, sucht Freundin für intime Treffen«, »Russischer Chinchilla in gute Hände abzugeben«. Das »böse Mädchen« wollten wir nicht. Der schneeweiße Perser entpuppte sich als Mensch, der nach dem chinesischen Kalender bloß im Jahr des Katers geboren war. Blieb der Chinchilla, den wir schließlich für DM 50,– kauften. Wir nannten ihn Dusja. Er wohnt nun bei uns in einem Käfig. Er nascht gerne Bücher und Telefonkabel, badet in einem speziellen Chinchilla-Sand und benimmt sich auch sonst recht exotisch. Trotzdem vermute ich, dass er eigentlich ein russisches Eichhörnchen ist.

Der Russenmafiapuff

Mein Freund und Namensvetter Wladimir aus Vilna ist ein schüchterner Mensch. Besonders leidet er bei der Vorstellung, bei einem Pflichtbesuch im Sozialamt mit der Beamtentante über seine Zukunft sprechen zu müssen. Jedes Mal, wenn seine Sachbearbeiterin ihn gleich einer Wespe mit Sätzen sticht wie »Denken Sie doch mal über Ihre Zukunft nach« und »Sie können doch nicht ewig von Sozialhilfe leben«, wird Wladimir rot, kuckt zu Boden und schweigt wie ein Partisan in Gestapo-Haft. Nur einmal, als die Sozialfrau zu weit ging und anfing, an seiner Männlichkeit zu zweifeln, da verlor mein Freund dann doch die Beherrschung und gestand ihr seinen alten Traum: dass er eigentlich ein großer Geschäftsmann werden möchte und sich gut eine Zukunft als Restaurantbesitzer vorstellen könnte. »Aha!« Die Sozialfrau war begeistert: »Der Einstieg in die Selbstständigkeit! Das ist ganz in unserem Sinne! Wir werden Sie auf diesem schwierigen Weg voll unterstützen!«, sagte sie und verwies Wladimir an die Bildungsmaßnahme »Geschäftsmann 2000 im Ost-West-Einsatz für den Außenhandel«, die extra vom Senat für Sozialhilfeempfänger ausländischer Herkunft eingerichtet und finanziert wird.

Dort, beim BIBIZ, was auf Litauisch Schwanz heißt, auf Deutsch jedoch Berliner Informations- und Bildungs-Zentrum bedeutet, studierte Wladimir zusammen mit anderen zukünftigen Geschäftsleuten. Die Gruppe bestand aus zwei älteren bulgarischen Damen, drei Vietnamesen und einem dicken Mädchen aus der Karibik. Ein halbes Jahr lang beschäftigten sie sich mit dem kleinen ABC des Geschäftemachens: Wirtschaftslehre, EDV, Businessenglisch etc. Danach bekam Wladimir ein Diplom und erschien mit seiner neu erworbenen Qualität als Geschäftsmann 2000 wieder bei der Sozialtante. Er besaß nun fast alle Voraussetzungen zur Verwirklichung seines Traums – das notwendige Wissen, den starken Willen zum Erfolg und sogar einen Euro-Führerschein. Ihm fehlte nur noch das Geld, denn ohne Geld gibt es keinen Ost-West-Außenhandel.

Bald musste er wieder losziehen und Ablehnungs-Stempel von Tabakläden und Zeitungskiosken für seine Bewerbungsunterlagen sammeln. Zum Glück bekam seine Mutter dann eine Rente von der Bundesversicherungsanstalt bewilligt, die sie drei Jahre zuvor beantragt hatte. Mit dieser erheblichen Summe zahlte Wladimir den Abstand für einen türkischen Imbiss, der in einer abgelegenen Straße gerade pleite gegangen war. Dort beabsichtigte er, seinen Traum von einem eigenen Restaurant zu verwirklichen. Er renovierte alles selbst und bemalte die Wände und den Kachelfußboden mit abstrakter Kunst.

»Wenn ein Unternehmen die Herzen der Kundschaft erobern will, muss es auffallen und zwar in jeder Hinsicht«, erklärte er, als ich ihn kurz vor der Eröffnung in seiner Kneipe besuchte. »Wir machen eine internationale Küche: Deutsch, Chinesisch, Italienisch, Französisch ...« »Und wer soll das alles kochen?«, fragte ich ihn. »Na, ich!«, sagte der gelernte Geschäftsmann 2000 und sah zu Boden. »Das ist im Grunde gar nicht so kompliziert, man muss nur die richtigen Saucen kennen.« Seine Entschlossenheit überzeugte mich, dass Waldimir immer die passende Sauce finden würde. »Wir erwarten ein junges, internationales Publikum und natürlich auch Touristen, die so was nirgendwo sonst kriegen können.« In diesem Moment betrat eine etwa achtzigjährige Frau das Lokal und fragte nach dem Klo. Auch dieser Kundenwunsch begeisterte Wladimir: »Da siehst du es«, sagte er anschließend zu mir, »wir liegen strategisch äußerst günstig. Die Toiletten werde ich demnächst auch noch ausbauen.«

Mein Freund glaubt fest, dass sein Unternehmen ihn erfolgreich ins 21. Jahrhundert tragen wird, nur den richtigen Namen dafür hat er noch nicht gefunden. Die Stammgäste aus der »Jägermeister«-Kneipe gegenüber haben sich dagegen schon längst einen Spitznamen für seine Bude einfallen lassen: der Russenmafiapuff.

Nie wieder Weimar

Auf Einladung der *Literarischen Gesellschaft Thüringen* fuhr ich zum ersten Mal in meinem Leben nach Weimar, um dort an einem Festival namens »Osteuropa im Wandel der Revolution und Konterrevolution« teilzunehmen. Zusammen mit zwei Dutzend anderen osteuropäischen Künstlern, Polen, Russen, Tschechen und Ukrainern. Unterwegs stellte sich bereits heraus, wie unterschiedlich unser Wandel war. Dementsprechend bildete unsere Gruppe eine ziemlich giftige Mischung. Nur der warme ukrainische Wodka sorgte für ein Minimum an Toleranz.

Die deutsche Kulturhauptstadt sah aus wie ein Stück Sahnetorte in einer Mikrowelle oder wie eine riesige Ausstellung, die gerade eröffnet wurde. Trotz 37 Grad im Schatten besichtigten wir in drei Tagen alles, was die Kulturhauptstadt anzubieten hatte: die neu gestrichenen Baracken und restaurierten Öfen des KZs Buchenwald. Die 21 staubigen Särge von Schiller und Goethe, die gegen ein Eintrittsgeld von DM 10,– auch zu besichtigen waren, ebenso ihre diversen Häuser. Dazu Hitlers private Kunstsammlung, das Nietzsche-Archiv und das Bienenmuseum sowie die Ausstellung zum Jubiläum des thüringischen Vorstehhundes. Überall wimmelte es von Touristen, in jeder Kneipe ein »Goethezimmer«, auf jedem Klo ein Erinnerungsschildchen. Wir rannten von einer Ausstellung zur anderen und traten zwischendurch auch noch selbst auf. Die restliche Zeit verbrachten wir mit Diskussionen über Kunst. Den drei Russen, die ich kennen lernte, gefiel besonders Anselm Kiefer, von dem einige Bilder im Weimarer Museum für moderne Kunst hingen. Die Russen fragten mich, wo der Künstler jetzt sei und was er mache. Ich hatte keine Ahnung, ich kannte nur seine frühen Besatzungs-Aktionen, als er in SS-Uniform durch die deutsche Provinz getourt war und eine Kleinstadt nach der anderen erobert hatte. Natürlich immer mit einem Fotografen im Schlepptau. Richtig teuer wurden seine Bilder aber erst, als die Amerikaner sich dafür zu interessieren begannen. Sie kauften viele seiner Werke wie »Der Morgenstrahl auf dem Tisch des Führers« und Ähnliches.

Die Frauen und die Adler aus der Hitler-Sammlung kamen bei uns auch gut an. Hätte ich genug Platz in meiner Wohnung und genug Geld, würde ich ebenfalls so eine Frauensammlung bei mir aufhängen: Akt, Halbakt, Mädchen mit Blume, Mädchen ohne Blume… Das Gefühl der Macht: Alle Fräuleins der Welt gehören mir allein. Ansonsten war die Sammlung

sehr eklektisch. Meine russischen Freunde blieben vor
einem Porträt stehen: ein alter Mann mit einer roten
Nase und den geschwollenen Augen eines Gelegen-
heitstrinkers. Ziemlich armselig. Was hatte der Führer
sich bloß gedacht, als er sich diesen Alten zulegte?
Gut, die Adler, die Frauen, die Sportler, Landschaf-
ten, Fabriken, die kann man nachvollziehen: auf den
Spuren der Naziästhetik oder so. Aber der alte Säufer?
Vielleicht war Hitler frohgemut eine Seepromenade
entlanggelaufen, die Sonne schien, und alles lief ganz
gut. Dann sah er den armen Künstler, das armselige
Bild und dachte: ›Ach, was soll's, ich kaufe den Alten
und geb dem Jungen eine Chance‹. »Ist mir auch schon
mal passiert«, sagte einer der russischen Künstler.
»Woher willst du denn wissen, dass er den Schinken
gekauft hat?«, erwiderte der andere, »den hat er doch
bestimmt geschenkt gekriegt, von irgend so einem Par-
teigenossen. Da kam einer an und sagte: ›Adi, ich habe
hier ein bisschen was gemalt, du hast doch Ahnung,
sag mir, was du davon hältst?‹ Hitler sieht den Alten
auf dem Bild. Man sagt ja so was einem Freund nicht
ins Gesicht. ›Sehr interessant‹, sagte er, ›man spürt
Leben und so, aber du musst noch viel lernen.‹ Der
Maler denkt, dass Hitler die Wahrheit sagt und freut
sich: ›Ach, Adi, wenn es dir so gefällt, schenke ich dir
das Bild. Häng es in dein Arbeitszimmer, das bringt
Glück‹.« Der dritte Russe mischte sich ein: »Genauso
ging es mir auch mit Andrejew. Jedes Mal, wenn er bei

uns vorbeikommt, rennt er wie bescheuert in mein
Atelier und kuckt, ob seine beschissene Installation
noch immer da hängt. Die Künstler versklaven oft ihre
Freunde.«

Wir liefen zurück zur Kiefer-Ausstellung, um uns
zum vierten Mal die »Operation Seelöwe« anzu-
schauen. Die Russen stritten sich: »Hier sind die Deutschen, da sind die Engländer!« »Nein, umgekehrt!«
Aber Edvard Munch war auch gut. Mein Versuch, in
Weimar neue Socken zu kaufen, scheiterte. Dann war
das Festival zu Ende.

Auf dem Rückweg blieb der Künstler-Zug »Caspar
David Friedrich« kurz vor Merseburg stehen. Die
Oberleitung war geschmolzen und heruntergefallen.
Die Außentemperatur betrug 38 Grad, aus dem Fens-
ter sahen wir das Karl-von-Basedow-Klinikum. Die
Lüftung funktionierte nicht mehr. Nach zehn Minu-
ten wurden bereits die ersten Opfer mit zwei Kran-
kenwagen in das Klinikum gebracht, wo schon eitel
Freude herrschte. Nach einer halben Stunde war die
IC-Bordbar leer. Die deutschen Reisenden standen
Schlange vor dem einzigen Kartentelefon, doch die Ta-
rife waren zu hoch, die Karten gingen schnell zu Ende.
Bald gab das Telefon überhaupt seinen Geist auf. Der
Unfallmanager der Deutschen Bahn verteilte schwit-
zend 50-DM-Gutscheine. Die allgemeine Stimmung
verbesserte sich schlagartig. Eine Schülergruppe besetzte den Speisewagen.

Nachdem der nächste Krankentransport Richtung Karl-von-Basedow abgegangen war, brach unter den Fahrgästen eine Diskussion aus. Ein glatzköpfiger Theologe verteidigte den Papst. Eine ältere Dame übernahm den Part der verzweifelten Intellektuellen: »Ich bin evangelisch«, sagte sie, »doch nach allem, was mit uns Deutschen passiert ist, muss das ganze Religionskonzept gründlich überdacht werden.« Die Glatze bestand darauf, dass man das Handeln des Vatikans mit menschlicher Logik nicht erklären könne. Die Jugend nahm die radikalste Position ein: »Wir schmeißen alles über Bord!« Ihnen machte die talkshowähnliche Debatte im Speisewagen den größten Spaß. »Ich bin evangelisch-atheistisch«, gestand ein Mädchen, »ich bin sogar von meinen Eltern richtig in der Kirche transformiert worden.« »Ich bin evangelisch-katholisch«, behauptete ein anderes Mädchen, »deswegen sage ich: kein Sex vor der Ehe.« »Stell dich doch nicht so an«, moserte ihr 15-jähriger Freund, »du bist schließlich nicht Mutter Teresa oder so was.« In einem fahrenden Zug käme so eine Diskussion nie zu Stande. Nur in einem stehenden. »Immer dann, wenn dem Menschen etwas fehlt, erinnert er sich an Gott«, erklärte der Theologe stolz. Zwei Stunden später war der Strom wieder da, und wir fuhren weiter. Weimar blieb hinter uns und Gott irgendwo bei Merseburg stecken.

Nüsse aus aller Welt
und deutsche Pilze aus Sachsen

Berlin ist nicht gerade eine Stadt der Armen, doch
auch hier gibt es immer mehr benachteiligte Bevölke-
rungsschichten wie etwa die Studenten der geisteswis-
senschaftlichen Fächer, allein erziehende Mütter oder
drogenabhängige Straßenmusikanten. Erst mit einem
abgeschlossenen Studium hat man Anspruch auf Sozialhilfe. So reden beispielsweise Diplomtheologen öfter mit der Fürsorge als mit Gott. Aber auch schon der
Student, der DM 800,– BAföG im Monat bekommt,
wovon die Hälfte für seine Miete draufgeht, würde unterhalb des Sozialhilfeniveaus vegetieren, wenn es
nicht die Studentenjobs gäbe. Doch was kriegt nun ein
angehender Geisteswissenschaftler von der studenti-
schen Arbeitsvermittlung TUSMA – »Telefoniere und
Studenten machen alles« – angeboten? Mein Freund
Sascha aus der Ukraine, der seit zwei Jahren an der
Humboldt-Universität Slawistik studiert, hatte die
Wahl: Er konnte in einem australischen Krokodil-
Steakhaus Teller waschen, im Erotischen Museum von
Beate Uhse die Klos putzen oder als Fettabsauger in

einer Schönheitsklinik aushelfen. Sascha entschied sich, obwohl Vegetarier, für das Krokodil-Restaurant und ekelte sich dort von früh bis spät. Zum Glück lernte er bald die russische Rockband »Unter Wasser« kennen, die ein Kleintransportunternehmen betrieb. Dort stieg er als Möbelpacker ein.

Die Beschäftigung in der Umzugsbranche stärkt die Muskeln eines Mannes und erweitert seinen geistigen Horizont. Man begegnet jeden Tag neuen Menschen, geht in fremden Wohnungen ein und aus und knüpft Kontakte. Einmal half Sascha zwei Frauen bei ihrem Umzug. Sie besaßen am Winterfeldplatz einen Verkaufsstand mit dem schönen Namen »Nüsse aus aller Welt und deutsche Pilze aus Sachsen«. Beide Frauen, die zusammen ein Kind großzogen, fanden Sascha sehr sympathisch und stellten ihn sofort als Verkäufer ein. Nahtlos wechselte er von der Umzugsbranche in die Nussbranche. Anfänglich war ihm das Geschäft etwas unheimlich. Die eine Frau, Melina, war Griechin und für die Nüsse aus aller Welt zuständig, während die andere Frau, Sabine aus Sachsen, die Pilze auftrieb. Sie wurden aus ihrer Heimat mit dem Auto herangeschafft. Woher die Nüsse aus aller Welt kamen, war Betriebsgeheimnis. Sie befanden sich in großen Säcken und mussten im Lager aussortiert werden. Dafür hatten die beiden Frauen mehrere Mitglieder der sibirischen Rockband »Papa Karlo« angestellt. Um die Nüsse erfolgreich verkaufen zu können, musste Sascha die gesamte Nussgeographie auswendig lernen. Die wissbegierigen Kunden am Winterfeldplatz wollen alles ganz genau wissen. »Woher kommen diese Walnüsse?«, fragte einer. »Aus Frankreich«, antwortete Sascha. »Und die Macadamian?« »Aus Kalifornien.« »Und die Paranüsse?« »Ein Sonderangebot aus Pakistan.« »Und woher kommen Sie?« »Ich komme aus der Südukraine«, sagte der ehrliche Sascha.»Aha!«, staunte der Kunde und versuchte einen Zusammenhang zwischen der Ware und dem Verkäufer herzustellen. Doch daran scheiterte seine Fantasie. Ein anderer fand all das echt Multikulti und erwarb gleich ein ganzes Kilo Kürbiskerne.

Zuerst durfte Sascha nicht mehr als zwei Tage in der Woche am Stand arbeiten, doch jetzt bekommen die Frauen ein zweites Kind, und während ihres Mutterschaftsurlaubs kann er den Geschäftsführer spielen.

Eine ungewöhnliche Karriere für einen Slawisten in Berlin.

Der Professor

Als der Professor nach Deutschland kam, hatte er wesentlich mehr Geld als ein durchschnittlicher Einwanderer. Ein Leben auf Kosten des Sozialamtes kam bei ihm nicht in Frage. Im Gegenteil, der Professor kaufte sich sofort einen Ford Skorpio und konnte schnell mit Hilfe eines Maklers eine große, helle Wohnung in der Knaackstraße erwerben. In Moskau hatte der Professor am pädagogischen Krupskaja-Institut »Die Erziehung der Jugend in der sozialistischen Gesellschaft« unterrichtet. Außerdem hatte er die Rolle verschiedener Haustiere in der dörflichen Folklore untersucht.

Seine wissenschaftliche Arbeit, die ihm den Professorentitel eingebracht hatte und danach auch noch als Buch erschienen war, hieß: »Die Bedeutung der Ziege im Bewusstsein des russischen Volkes«. Obwohl Mitglied der KPdSU, hatte der Professor keine klaren politischen Ansichten. Das heißt, er hatte sie schon, aber nicht wirklich. Manchmal dachte er darüber nach, wie man alles im Lande besser organisieren könnte, aber er schrieb seine Gedanken nie auf und verriet sie auch

niemandem. Der Professor war wie viele seiner Zeit-
genossen ein Liberaler. Als es mit dem Sozialismus zu
Ende ging und neue Zeiten anbrachen, hatte der Professor die Gefahren, die in einem solchen Umbruch
lagen, nicht gleich erkannt. Er würde genauso gut »Die
Erziehung der Jugend in der kapitalistischen Gesellschaft« unterrichten können, dachte der Mann naiv. Es
kam aber anders. Kein Mensch brauchte mehr eine
solche Ausbildung, die Jugend nahm ihre Erziehung
selbst in die Hand, und das Institut wurde geschlossen.
Die Räume wurden an die Betreiber einer Techno-
disco vermietet. Der Professor bekam sein Gehalt
immer unregelmäßiger und schließlich gar nicht mehr.
Die Regierung konnte nicht alle Angestellten, die arbeitslos geworden waren, auf einmal bezahlen. »Zuerst
die Bergarbeiter«, sagte der Regierungssprecher im
Fernsehen, »dann die Ärzte«.

Der arbeitslose Professor sah anfangs sehr viel Fernsehen. Er wollte auf diese Weise die dunklen Botschaf-
ten der neuen Zeit entziffern. Besonders interessierte
ihn das neue Programm »Was tun?«, eine Sendung für
die russische Intelligenz mit wenig Werbung. Ihre Botschaft ließ sich allerdings schwer begreifen. »Gehen
Sie in den Wald«, riet der Moderator, »sammeln Sie
Pilze und Beeren.« »Geh doch selber in den Wald!«, erwiderte der Professor leichten Herzens und schaltete
die Kiste aus. Seine liberalen Freunde behaupteten,
die Rettung läge allein in der Emigration. Der Profes-

sor packte seine Sachen, verkaufte die Wohnung und fuhr nach Deutschland. Hier bekam er als Halbjude Asyl und durfte bleiben. Nur eins quälte ihn: dass er nichts zu tun hatte.

In der russischen Zeitung entdeckte er die Annonce, dass in Berlin ein russischer Kindergarten eröffnete und dafür Betreuer gesucht wurden. Sofort meldete sich der Professor und wurde auch von den Inhaberinnen, zwei jungen Frauen, auf 620-DM-Basis angestellt. Er bekam DM 9,– die Stunde. Abends ging er zu seinem Nachbarn, einem Schneider, der auch aus Russland kam und eigentlich Archäologe war. Erst in Deutschland, wo es nicht so viel auszugraben gab, machte er eine Umschulung. Nun kaufte der Archäologe auf dem Flohmarkt billige Klamotten, trennte sie auf und nähte aus ihnen neue, pfiffige Kleider, die er in einer russischen Boutique am Kurfürstendamm verscheuerte. Jeden Abend saß er an der Nähmaschine, und der Professor schilderte ihm sein versautes Leben.

Zuerst hörte der Archäologe interessiert zu, doch irgendwann merkte er, dass der Professor sich oft wiederholte und ihn mit seinen Geschichten derart irritierte, dass er nicht mehr gut nähen konnte. »Wissen Sie was, mein Freund«, sagte er eines Tages zum Professor, »das sind alles so tolle Geschichten, die müssen Sie unbedingt aufschreiben, es könnte ein toller Roman daraus werden. Ich kenne jemanden, der hier

Bücher auf Russisch verlegt, und würde Sie ihm empfehlen.« Dem Professor gefiel diese Idee. Er fand dadurch den Sinn seines Lebens wieder. Monatelang
schloss er sich in seinem Arbeitszimmer ein. Eines
Tages im Frühling tauchte er mit einer dicken Leder-
tasche in der Hand wieder bei dem Schneider auf.
Stolz zog er einen dicken Stapel Papier heraus. »Hier«,
sagte er, »mein Roman. Lesen Sie ihn bitte schnell,
aber vorsichtig. Ich lasse Ihnen die Tasche da, damit
Sie keine Blätter verlieren. Mich würde Ihre Meinung
sehr interessieren.« Dann ging er. Der Schneider warf
das Manuskript in den Mülleimer, die Geschichten
kannte er ja bereits alle. Dann nahm er die alte Leder-
tasche des Professors auseinander und nähte sich daraus eine Badehose. Damit erfüllte er sich einen alten
Traum. Als er nämlich noch Archäologie in der Sowjetunion studiert hatte, hatte er einmal einen Brief aus
Amerika bekommen. Seine Tante, die seit zwanzig Jahren dort lebte, wollte Russland besuchen und fragte
ihn, was er für Geschenke haben wolle. Er konnte sich
an die Tante gar nicht mehr so richtig erinnern und
führte gerade ein sehr ärmliches Studentenleben. Ihm
fehlte es an allem. Er hatte weder eine richtige Wohnung noch genug zu essen. Voller Bitterkeit schrieb er
zurück: Danke, er habe alles, nur eine Lederbadehose
nicht, die er jedoch gut gebrauchen könne. Die Tante
verstand seinen Witz nicht. Als sie in Moskau ankam,
hatte sie eine ganze Kiste voller Geschenke dabei, aber

nicht die Badehose. »Es tut mir Leid, Junge«, sagte sie, »ganz Amerika habe ich auf den Kopf gestellt, aber nirgends eine Lederbadehose gefunden. Sie sind wahrscheinlich bei uns aus der Mode.« Wo immer ihn später sein Schicksal hinverschlug, erinnerte sich der Schneider stets an diese Geschichte. Nun hatte er sie – die tolle Badehose aus der Aktentasche des Professors.

Der Professor erkundigte sich vorsichtig einmal in der Woche, ob der Schneider seinen Roman schon gelesen hätte. »Ich hatte so viel zu tun«, schüttelte der Schneider jedes Mal bedeutungsvoll den Kopf. Der Professor ließ jedoch nicht locker. Eines Tages kam er am frühen Sonntag Vormittag. Es war schon Sommer, der Schneider saß mit einer Flasche Bier in der Hand auf dem Balkon und sonnte sich. Er hatte nur eine Badehose an – die aus Leder. Der Professor setzte sich neben ihn und nahm auch eine Flasche Berliner Pilsner. »Ach übrigens«, begann er das Gespräch, »haben Sie schon in mein Manuskript reingelesen?« »O ja«, sagte der Schneider, »ich fand es sehr beeindruckend, wie Sie das alles beschrieben haben…« Der Blick des Professors blieb an der Badehose hängen. »Ein neues Kunstwerk? Komisch, ich hatte früher eine Tasche, die genau in diesem Farbton war.« »Ach, Unsinn«, sagte der Schneider, »ich kenne Ihre Tasche, die sieht anders aus«. »Sie sieht anders aus?« »Ja, ganz anders!« Die Sonne strahlte.

Mein kleiner Freund

Die Liebe zu Fremdsprachen kann einen teuer zu stehen kommen. Mein Freund Klaus sitzt seit einem Monat in einem russischen Gefängnis, dabei wollte er eigentlich nur Russisch lernen. In Berlin hatte er immer die »Deutsche Welle« gehört, und zwar die Sendung »Russischunterricht für Kinder von fünf bis zehn«. Zweimal die Woche, ein ganzes Jahr lang. Das Ergebnis war, dass er jeden Satz mit »Und jetzt, mein kleiner Freund...« begann. Nicht einmal im Kindergarten wäre er damit durchgekommen. Klaus brauchte dringend einen russischen Gesprächspartner. Ich hatte keine Zeit und empfahl ihm, eine Annonce in *Tip und Zitty* aufzugeben – »Vermiete kurzfristig Bett an russische Emigranten« oder etwas Ähnliches. Schon bald meldete sich der erste Russe bei ihm, Sergej. Er war vor einem Jahr im Rahmen eines Künstleraustauschprogramms nach Deutschland gekommen.

Sechs Monate lang hatte er zeitgenössische russische Kunst im Künstlerhaus Bethanien präsentiert.

Dann war das Programm zu Ende. Sergej wollte jedoch Berlin nicht wieder verlassen und entschied sich, illegal hier zu bleiben. Tagsüber schuftete er auf einer Baustelle, abends frönte er seiner Leidenschaft, in der Lebensmittelabteilung des KaDeWe Weinbergschnecken zu verputzen. Dafür ging fast sein ganzes Geld drauf. Zuerst wohnte Sergej in einem der besetzten Häuser in Friedrichshain. Als die Polizei das Haus räumte, konnte er im letzten Moment entkommen. Klaus stellte dann für ihn ein Bett in die Ecke seiner Einzimmerwohnung. »Und jetzt, mein kleiner Freund«, maulte er jeden Tag, »musst du mir helfen, meine Russischkenntnisse zu verbessern.« Doch so richtig klappte das nicht. Zu unterschiedlich waren beide, zu klein die Wohnung. Klaus, ein überzeugter Vegetarier, musste jeden Tag die abscheulichen Essgewohnheiten von Sergej erdulden. Einmal versuchte er, heimlich ein paar von den Riesenschnecken zu retten. Er holte sie aus der Schüssel unter Sergejs Bett und versteckte sie im Schrank.

Eines Tages bot Sergej seinem Vermieter an, er könne für ein paar Wochen nach Moskau ziehen, zu Sergejs Frau, um dort seine Sprachkenntnisse zu vertiefen. Klaus besorgte sich sofort ein Visum und flog nach Moskau. Die Frau von Sergej hieß Mila und wusste von nichts. Sie besaß ein kleines Zimmer in einer Kommunalwohnung ohne Telefon, wo noch weitere fünf Familien lebten. Es war eine sehr lebendige

Kommunalwohnung mit drei Gasherden in der Küche, einem Klo und vielen schreienden Kindern auf dem Korridor. Doch als Klaus eintraf, wirkte die Wohnung fast leer. Eine alte Frau war gerade gestorben, ein allein lebender Bademeister wegen Diebstahls verhaftet worden, und die Kinder waren mit ihren Eltern in die Ferien gefahren. Nur ein Polizist, der eifersüchtige Liebhaber von Sergejs Frau, war zu Hause, als Klaus aufkreuzte. »Guten Tag! Ich komme aus Deutschland, und jetzt, mein kleiner Freund, zeige mir, wo Mila wohnt«, sagte Klaus zu ihm. Der Mann antwortete nichts, ließ den Gast herein, zeigte ihm das Zimmer von Mila und verschwand in seinem eigenen. Klaus, der nach der langen Reise müde war, schlief bald ein. Abends kam Mila aus der Bibliothek, in der sie arbeitete, und ging sofort zu ihrem Liebhaber aufs Zimmer. Am Morgen hatten beide einen Streit gehabt wegen Milas in Deutschland verschollenen Mannes. Der Polizist hielt Klaus für einen Nebenbuhler, und als Mila abends sein Zimmer betrat, machte er ihr erneut Vorwürfe. Sie stritten sich derartig heftig, dass der Polizist schließlich eine Axt nahm und Mila erschlug. Anschließend verschloss er die Tür von außen und verschwand. Zwei Tage verbrachte Klaus allein in dem fremden Zimmer, bis er Blut auf dem Boden entdeckte. Es kam durch die dünne Trennwand aus dem Nebenzimmer. Klaus machte das Fenster auf und schrie: »Blut auf dem Boden, meine kleinen Freunde,

Blut auf dem Boden!« »Noch ein Durchgedrehter«, murmelte eine alte Frau, die auf dem Hof leere Flaschen einsammelte. Doch für alle Fälle rief sie die Polizei. Die hielt Klaus für den Täter und wollte ihm die Geschichte mit der Sprachreise natürlich nicht abkaufen. Trotz seines deutschen Passes wurde er eingesperrt. Im Untersuchungsgefängnis gaben ihm die Mithäftlinge den Spitznamen: der Blut-und-Boden-Mann.

Die Birkenfrau

Der Tag ist gekommen – das Foto von Markus Lenz ist in der Zeitung. Als ich ihn kennen lernte, war Markus ein leidenschaftlicher Sammler. Zwei Dinge interessieren ihn vor allem: altdeutsche Gegenstände und russische Frauen, wie sich später herausstellte. Zu Hause hatte er eine Unmenge Bücher über die Germanen, ihre Traditionen und ihre Religion. Außerdem besaß er eine altgermanische Keule, zwei Lanzen und einen Widderhornhelm. Als er in der Zeitung las, dass man in Brandenburg ein altgermanisches Dorf ausgegraben hatte, das nun zur Besichtigung freigegeben sei, packte er sofort seine Schätze und fuhr hin. Dort, vor dem Tor, zog er sich um und erschien mit einer Lanze und dem Widderhornhelm auf dem Kopf wie ein echter Germane, der endlich zu seinen Ursprüngen in Brandenburg zurückgekehrt war. Trotzdem musste er DM 30,– Eintritt zahlen.

Ich hatte ihn im U-Bahnhof am Frankfurter Tor kennen gelernt, als Markus dort ganz allein und geradezu heroisch versuchte, die elektrische Präzisionswaage mit Kartenausgabe – ein gutes Stück deutscher Geschichte – abzubauen und mit nach Hause zu nehmen. Mich hatte es schon immer interessiert, wie diese Waage konstruiert war. Schließlich nahmen wir sie gemeinsam auseinander. Nachher besuchte ich ihn mehrmals in seiner Wohnung in der Senefelderstraße. Einmal fragte mich Markus, wie es in Russland mit der Vorgeschichte bestellt sei. »Nicht gut«, antwortete ich ehrlich, »unsere kulturellen Wurzeln sind wie abgeschnitten, die Verbindung zwischen den Generationen ist im Arsch. Die so genannte Folklore wird meistens von allein stehenden Frauen bewahrt, die sich in Sing- und-Tanz-Gruppen zusammentun und gemeinsam durch die Weltgeschichte touren.«

Eine solche Frauenbrigade war damals gerade in Berlin zu Gast. Sie tanzten und sangen auf der Bühne des Russischen Hauses in der Friedrichstraße. Das Ensemble nannte sich *Die Birke,* weil sie in ihren Liedern Birken und andere einzigartige Nationalhölzer Russlands priesen. »Was die wahre Geschichte Russlands angeht, die wird uns natürlich verschwiegen«, erzählte ich Markus. »Genau wie bei uns, genau wie bei uns«, erwiderte er. Und wollte sich dann unbedingt das Birkenkollektiv ansehen. Wir gingen zusammen hin. Auf der großen Bühne führten zwanzig junge Frauen, angetan mit traditionellem Kopfputz, einen volkstümlichen Reigen vor.

Markus war hingerissen. Ich merkte, dass er am

liebsten sofort das ganze Ensemble zu sich nach Hause eingeladen hätte. Da wir fast die einzigen Zuschauer waren, hatten uns auch die Frauen auf der Bühne bemerkt.

Nach der Vorstellung wollte Markus seine Begeisterung dem Birkenkollektiv persönlich schildern, und ich sollte dabei den Übersetzer spielen. In weniger als einer Stunde saßen wir schon zu fünft in einem Taxi und fuhren zu Markus nach Hause. Die drei Birkenmädchen, die uns begleiteten, hießen Katja, Olga und Sweta und hatten Berlin bis jetzt nur aus dem Hotelfenster gesehen. Unterwegs kauften wir noch die Nationalgetränke beider Länder – drei Flaschen Wodka und eine Kiste Bier. Diese Mischung erwies sich später als großer Fehler. Nachdem die zweite Wodkaflasche leer unter dem Tisch lag, entschied sich Markus, die Frauen über die altgermanische Geschichte aufzuklären. Er holte seine Lieblingslanze aus dem Schrank und fuchtelte uns damit vor der Nase herum. Daraufhin fühlte sich eines der Mädchen, Katja oder Sweta, attackiert. Sie entwaffnete Markus blitzschnell und warf die Lanze aus dem Fenster. Markus ging außer sich vor Wut auf sie los, beide liefen aus der Wohnung und wir hinterher. Die Polizei erschien, von den Nachbarn gerufen, und versuchte zu schlichten. Auf dem Revier zeigte Markus das Mädchen wegen Hausfriedensbruch an. Sie zeigte ihn ihrerseits gleich wegen sieben Vergehen an, unter anderem wegen versuchter

Vergewaltigung und Mordversuchs. Markus schrie, die Birkenfrau sei an allem Schuld.

Die Polizeibeamten klärten den Fall unbürokratisch und empfahlen uns einfach, so schnell wie möglich in verschiedene Richtungen auseinander zu gehen. Markus schlossen sie mit Handschellen an die Tür des Reviers, bis er sich wieder beruhigt hatte. Dort wurde er dann von einem Mann angesprochen, der sich als Reporter der *Berliner Zeitung* vorstellte, zufällig vorbeigekommen sei und nun wissen wollte, was passiert war. »Unfug«, antwortete Markus kurz und knapp. Der Reporter überlegte nicht lange, holte die Kamera aus der Tasche und machte ein paar Fotos von ihm. Am nächsten Tag konnte man in der *Berliner Zeitung* den gefesselten Markus sehen. Unter dem Foto stand nur ein Satz: »Die Berliner Polizei geht hart gegen jugoslawische Kriminelle vor.«

Doppelleben in Berlin

Dort, wo ich herkomme, ist das Leben zum Leben ungeeignet. Wegen des starken Windes und der schlechten Verkehrsverbindungen wird jedes Vorhaben ungeheuer mühsam. Schon mit vierzehn ist man oft unglaublich müde, so richtig erholen kann man sich erst mit fünfundvierzig. Ganz oft geht man einkaufen und kommt nicht wieder, oder man schreibt einen Roman, merkt plötzlich auf Seite 2000, wie unübersichtlich das Ganze geworden ist, und fängt noch einmal von vorne an. Es ist ein zeitloses Leben, zu dessen größten Errungenschaften die Möglichkeit zählt, im eigenen Bett zu sterben.

Ganz anders ist es hier, wo man unter Umständen mehrere Leben gleichzeitig führen kann, sein eigenes und das eines anderen. Für Menschen, denen ein solches Doppelleben gefällt, ist Berlin die ideale Stadt. Nichts ist hier so, wie es scheint. Die Anlageberaterin aus meiner Sparkassenfiliale, eine nette, rundliche Frau mit dem Namensschild »Wolf« auf ihrer Bluse, erlebte ich neulich als Tänzerin eines Audioballetts in einem der zahllosen Tanztheater Berlins. Jeden zweiten Abend zieht sie ein Tutu aus Plexiglas an, in dem Aufnahme- und Wiedergabegeräte eingebaut sind. Dann wackelt Frau Wolf leicht mit dem Hintern, dabei werden ihre Bewegungen aufgenommen, in eine Art Musik umgewandelt, die aus dem Tutu kommt und sodann den Rhythmus für den Tanz der Truppe vorgibt. Wie verrückt springt Frau Wolf zusammen mit anderen Anlageberaterinnen auf der Bühne herum und vergisst sich völlig. Die Frauen waren letztes Jahr auf einem Audioballett-Festival in Japan und gewannen einen Preis.

Herrn Heisenberg lernte ich auf dem Arbeitsamt kennen, als ich einmal langzeitarbeitslos war. Seine Aufgabe bestand darin, Menschen mit schwer vermittelbaren Berufen wie Schauspieler, Regisseure oder Theologen dazu zu bringen, mittels einer Umschulung den Beruf zu wechseln. Herr Heisenberg sprach gerne und oft über Vernunft. »Ich bin ein großer Fan der Kunst«, sagte er zu mir, »und bin froh, dass man sie heutzutage an jeder Ecke sehen kann. Aber ich rate Ihnen dringend, einen vernünftigen Beruf zu ergreifen, den eines Kaufmanns oder eines Tischlers beispielsweise.« Seine Krawatte passte farblich perfekt zu den Tapeten in seinem Büro. Heisenberg klang sehr überzeugend und verdarb mir für den Rest des Tages gründlich die Laune. Zufälligerweise hatte ich an dem Abend meiner Mutter versprochen, ihr das nächtliche

Berlin zu zeigen. Darauf wartete sie schon lange. Kurz nach Mitternacht landeten wir in einem Schwulenclub in Berlin Mitte, wo ich meiner Mutter von dem frustrierenden Arbeitsamt-Gespräch erzählte. Plötzlich entdeckte ich Heisenberg in einer Ecke. Er trug Jeans, eine gelbe Lederjacke und um den Hals eine dicke Goldkette. Ein junger Thailänder saß lachend auf seinem Schoß. Heisenbergs Augen glänzten. »Da ist er übrigens, mein Arbeitsberater«, sagte ich zu meiner Mutter, die sich vorsichtig umsah, dann den Kopf schüttelte und von einer »Schweinerei« sprach.

Mein Bekannter, der russische Geschäftsmann Hensel, der als Großhändler deutsche Autos nach Schweden verkauft, wurde letzten Sommer von einem Nashorn überrumpelt und fast zerstampft. Sein Freund, ein leitender Siemensingenieur, hatte das Nashorn gereizt, während der nichts ahnende Hensel sich hundert Meter weiter ein Frühstück bereitete. Das Nashorn ging zunächst auch auf den Siemensingenieur los. Dieser, durch seinen Beruf zu schnellem Handeln in komplizierten Situationen befähigt, kletterte sofort auf einen Baum. Daraufhin nahm sich das Nashorn den Autohändler vor, und die Marmelade flog durch die Gegend.

Hensel musste mehrere Wochen im Krankenhaus verbringen, und seine Pilgerreise in den Himalaja fiel flach. Die will er nun auf seiner nächsten Safari im Frühjahr nachholen. Beide Freunde meinen, dass man nur noch in Afrika solche Abenteuer erleben kann. Sie irren. Es gibt vielleicht keine durchgedrehten Nashörner in Berlin, aber auch hier im Großstadtdschungel lauern überall Gefahren. Die Dienstleistungsgesellschaft macht die wildesten Träume wahr, sogar telefonisch. So hält sich hartnäckig das Gerücht, die tonnenschweren Lafayette-Glasfenster wären nicht aufgrund schlampiger Bauarbeit auf die Friedrichstraße geknallt, sondern auf Bestellung. Durch Einsatz der raffinierten Ideen eines Fußgängers, der gleichzeitig Auftraggeber war, kam niemand zu Schaden. Das Fenster war zwar im Eimer, dafür aber der Abend gerettet.

Bahnhof Lichtenberg

Mein alter Bekannter Andrej, Inhaber der wahrscheinlich einzigen russischen Kette von Lebensmittelläden in Berlin, *Kasatschok*, will sein gut gehendes Geschäft aufgeben und zusammen mit seiner Familie nach Amerika auswandern. Die Gründe für diese Entscheidung hält er geheim. Vielleicht kam er mit dem deutschen Steuerrecht nicht mehr klar, oder er konnte seine imperialistischen Ambitionen in Europa nicht weiter verwirklichen. Denn in der letzten Zeit hatte sich Andrej zu einem skrupellosen Geschäftsmann entwickelt. Dabei hatten wir vor neun Jahren gemeinsam und ganz harmlos den Grundstein für seine Karriere gelegt, als wir von Moskau nach Berlin zogen.

Unsere erste Geschäftsstelle befand sich vor der Tür der Eingangshalle des Bahnhofs Lichtenberg. Andrej, Mischa und ich bewohnten damals eine Einzimmerwohnung im Ausländerheim von Marzahn. Mischa und ich hatten damals noch keine festen Lebensziele und spielten gern abends in der Küche Gitarre. Andrej spielte zwar auch ganz gut Gitarre, hatte aber schon ein Ziel vor Augen: Er wollte unbedingt Millionär werden. Immerhin war er ein ganzes Stück älter als wir, nämlich bereits 31.

Seine erste Idee zum Reichwerden wurde von uns mit Begeisterung aufgenommen. Damals bekamen wir von der deutschen Regierung nur DM 180,– Taschengeld im Monat, und Andrej versprach uns das Dreifache. Wir legten unser Geld zusammen und fuhren um 7.00 Uhr morgens in den Wedding. Dort kauften wir bei Aldi drei Rucksäcke voll Hansabier und Coladosen und schleppten das Zeug zum Bahnhof Lichtenberg. Damals hatte der Kapitalismus diese Gegend noch nicht ganz erreicht, wir waren praktisch seine Vorboten. Die Büchsen verkauften wir für je DM 1,20. Neben uns standen noch andere Vorboten: eine ostdeutsche Familie, die mit Ei und Schinken belegte Brötchen verkaufte. Sie war sehr stolz auf ihre Handarbeit und konnte uns nicht leiden, weil wir in ihren Augen bloß Abzocker waren, die eine schnelle Mark machen wollten. Die Familie wusste, dass eine Dose Hansabier bei Aldi 43 Pfennig kostete, und wir das Dreifache verlangten, Andrej sogar das Vierfache, während sie mit Schweiß und Fleiß ihre Brötchen zurechtgemacht hatten. Merkwürdigerweise wurden ausgerechnet diese ehrlichen Handarbeiter von einer plötzlich auftauchenden Kontrolle des Gesundheitsamtes verjagt. Die Belegtebrötchenfamilie hatte zu schmutzige Hände, außerdem war ihr Gesundheits-

132

pass abgelaufen, und die Ware war unsachgemäß verpackt. Wir taten inzwischen so, als wären wir ganz gewöhnliche Bahnhofssäufer und fielen der Kontrolle nicht auf. Sie nahmen uns als Händler gar nicht wahr.

Das Geschäft lief gut: Wir hatten viele Stammkunden, zum Beispiel die ewig durstigen Zeugen Jehovas und die gut gebügelten Scientologen, die alle Züge aus Osteuropa empfingen, um die noch etwas orientierungslosen Ausländer zu überrumpeln und sofort zu ihrem Glauben zu bekehren. Viele Reisende, die zum ersten Mal ans Ufer des Kapitalismus gelangt waren, dachten, dass diese Drückerkolonnen des Herrn einfach dazugehörten. Die verwirrten Ausländer waren auch unsere besten Kunden, ebenso eine Menge Zigeuner und Afrikaner, die ebenfalls ihre Geschäfte am Bahnhof abwickelten. Und nicht zu vergessen: die japanischen Toruisten.

Aber Mischa und ich waren zu ungeduldig: Mehr als eine Stunde wollten wir dem Geschäft nicht opfern, also gab es bei uns häufig Sonderangebote, oder wir tranken die restliche Ware selbst aus. Erleichtert fuhren wir dann nach Marzahn zurück. Deswegen hatten wir oft statt Geld nur Bauchschmerzen und einen leichten Kater als Gewinn.

Ganz anders Andrej. Er trank nie etwas selbst und konnte wegen zwei unverkauften Dosen die halbe Nacht lang auf dem Bahnhof stehen. Wenn das Geschäft nicht richtig lief, erhöhte er sogar die Preise von

DM 1.80 auf DM 2.50. Andrej hatte seine eigene Ver-
kaufsstrategie. Ständig experimentierte er mit dem
Sortiment. Mal kaufte er bei Aldi noch zusätzlich ein
Kilo Kaugummi, mal zwei Dutzend Duplo-Riegel, die
er bescheiden auf den Boden neben das Bier platzierte
und für 50 Pfennig das Stück verkaufte. Er sparte,
ernährte sich fast ausschließlich von Müsli und führte
gewissenhaft Buch über Einnahmen und Ausgaben.
Bald hatte er das Geld für seinen ersten Fernseher zusammen, den er höchstpersönlich im Zug nach Polen
auf einen Markt brachte. Mit hundert Mark Gewinn
kam er zurück. Auf der nächsten Reise nahm er zusätzlich noch eine Stereoanlage mit.

Nach einem Jahr spielten Mischa und ich noch
immer Gitarre in der Küche, während Andrej bereits
seinen ersten Lebensmittelladen in der Dimitrow-
straße eröffnete und einen VW besaß. Er ging richtig
wissenschaftlich an die Sache heran und führte in der
Umgebung seines Ladens eine Umfrage durch, um
festzustellen, was er in erster Linie anbieten sollte.
Laut dieser Umfrage hatte er dann vor allem drei Artikel im Sortiment: Jägermeister, Berliner Pilsner und
Bild am Sonntag. Er wollte aber mehr und füllte den
Laden schließlich mit den verschiedensten Sachen wie
beispielsweise Glühbirnen und Nähzeug. Auch russische Lebensmittel nahm er ins Angebot. Wenig später
heiratete er eine Frau aus St. Petersburg, die schließlich einen Sohn zur Welt brachte, den er Mark nannte.

Uns erzählte Andrej, dass er von einer großen Familie träumte und sich viele Kinder wünschte. Mischa meinte dazu, dass er den zweiten Sohn wahrscheinlich Pfennig nennen werde, aber wie es jetzt aussieht, wird Andrejs nächster Junge wohl eher Dollar heißen.

Stalingrad

Seit einiger Zeit haben viele in Berlin lebende Russen, die sonst perfekte Kandidaten für Langzeitarbeitslosigkeit sind, wieder mal einen Job. Das Zauberwort heißt ›Stalingrad‹. Nunmehr als Film.

Bei der 180 Millionen Mark teuren Filmproduktion von Jean-Jacques Annaud spielen die Russen Russen. Zwar zahlt Annaud die niedrigsten Statistenlöhne in Europa, dafür sind aber alle für eine Weile vollbeschäftigt. Sie müssen ja Stalingrad erstürmen, das jetzt erst einmal in Krampnitz bei Potsdam nachgebaut wird. Mindestens drei mir bekannte russische Schauspieler behaupteten, sie wären von Annaud für die Hauptrolle des authentischen Scharfschützen Wassilij auserwählt worden. Alle drei hatten die Ehre, dem Meister persönlich vorsprechen zu dürfen, und alle drei haben bereits die entsprechenden Drehtage in ihren Terminkalendern eingetragen. Mir scheint, dass alle in Berlin existierenden Castingfirmen Schauspieler für Stalingrad gesucht haben. Ich wurde auch von einer angerufen: »Schicken Sie uns bitte ein Foto

von Ihnen, 30x40 cm, schwarzweiß«, verlangte eine
Frauenstimme von mir. »Aber ich bin doch gar kein
Schauspieler«, wandte ich ein. »Was sind Sie dann?«,
die Stimme klang überrascht, die Castingfrau dachte
anscheinend, dass alle Russen hier Schauspieler sind.
»Ich bin Hausmeister«, sagte ich aus Protest. »Schön,
na gut, schicken Sie uns trotzdem ein Foto von Ihnen,
24x30 in Schwarzweiß, und, übrigens, kennen Sie eine
richtig alte russische Frau, so um die neunzig?« Ich
kannte eine, doch die kannte die Frau auch schon.

Dieser Film schlägt schon vor Drehbeginn große
Wellen – und das nicht nur hier. Aus Moskau erreichte
mich neulich die Nachricht, dass der russische Film-
mogul Nikita Michalkow als Antwort auf Annauds
Projekt mit dem Gedanken spielt, den größten und
teuersten russischen Kriegsfilm aller Zeiten zu drehen: »Die Eroberung von Berlin«. Im Moment würden
dafür Beziehungen zu Regierung und Armee ge-
knüpft, um an Gelder und Genehmigungen heranzu-
kommen. Das zerstörte Berlin soll in der tschetschenischen Hauptstadt Grosnij nachgebaut werden, und
alle Kriegsveteranen dürfen kostenlos mitspielen. Natürlich kann der russische Spielfilm nicht so teuer werden, dafür haben die Russen aber die echten Kanonen
und die echte Zivilbevölkerung, die sie niedermetzeln
können – und damit den wahren Realismus auf ihrer
Seite. In Russland hat Michalkow eine Kulisse, von
der Annaud nur träumen kann.

Sicher werden beide Filme ein Riesenerfolg und die Kassen werden klingeln. Denn es gibt viele Menschen, die auf so was stehen. Das zeigt Amerika, und das hat mir auch gestern eine Bekannte bestätigt, die früher selbst Schauspielerin war und jetzt die russische Telefonsexnummer in Berlin bedient. Immer mal wieder rufen dort auch Deutsche an. Vor kurzem meldete sich ein alter Mann. »Russischer Telefonsex?«, fragte er. »Gut. Aber kein ›Ich zieh mich langsam aus‹ und ›Was hast du für ein großes Ding!‹ Nicht so einen Scheiß! Das mag ich nicht. Hör zu: Wir schreiben das Jahr 1943, ein Minenfeld in der Nähe von Stalingrad. Es ist saukalt, die Luft riecht nach Pulver. In der Ferne hört man die Geschütze donnern. Du heißt Klawa, du bist blond, dick und liegst im Schnee. Du hast nur Soldatenstiefel und eine Mütze an. Ich, in der Uniform eines Sturmbannführers der SS, gehe auf dich zu. Es geht looooos!«

Wie ich einmal Schauspieler war

Wir müssen dem deutschen Film auf die Sprünge helfen, dachten wir. Zusammen sind wir stark: der Regisseur Annaud, die Mumien-Frau, »Shakespeare in Love«, der Privatdetektiv aus »Roger Rabbit«, ein bulgarischer Zauberer, zweihundert Statisten und ich, die wir alle bei den »Stalingrad«-Dreharbeiten beschäftigt sind.

Um fünf Uhr früh versammeln wir uns alle am Fehrbelliner Platz, von dort werden wir mit Bussen nach Krampnitz zum Chruschtschow-Stab gefahren. Den Chruschtschow kenne ich, es ist der Komiker aus dem »Roger-Rabbit«-Film. Er sitzt allein im Aufenthaltsraum auf dem Hocker und langweilt sich. Ich gehe zu ihm: »How are you? Wie geht's Roger Rabbit?« Sofort jagt mich die Regieassistentin aus dem Raum. Statisten dürfen die Stars nämlich nicht ansprechen. So ein Unsinn! Heute ist nicht viel los, etwa vierzig Statisten, überwiegend Russen, laufen auf dem Gelände herum. Die Fickszene muss gedreht werden, erzählen sie mir. Schon die dritte innerhalb einer Woche.

139

Das haben bereits alle verstanden: In diesem Kriegsfilm geht es nicht so sehr um die Schlacht, die ganzen
Panzer und Flugzeuge dienen nur als Dekoration einer
komplizierten Liebesbeziehung: Die Mumien-Frau
Tanja liebt den Scharfschützen Visilij, schläft aber mit
dem Shakespeare in Love, und zwar immer dann,
wenn es draußen heftig knallt. Roger Rabbit leidet
derweil unter Einsamkeit. Er liebt Tanja auch und
schimpft ständig über Stalin, als ob dieser daran
Schuld wäre, dass Roger immer allein ist.

Beinahe hätte ich das Frühstück verpasst. Es steht
schon ab sechs auf den Tischen bereit. Heute gibt es
Spiegeleier mit Schinken, belegte Brötchen, Kaffee
und Tee. Alle Statisten freuen sich und bereiten sich
auf langes Warten und Herumsitzen vor. Für viele
Russen ist »Stalingrad« zu einer Beschäftigung für die
ganze Familie geworden. Die Männer nehmen an den
Schlachtszenen teil, die Frauen spielen Sekretärinnen
in Chruschtschows Stab, und die Kinder hängen rum.

Bevor die Liebesszene anfängt, wird erst einmal anständig der Stab bombardiert. Das ist bei Stalingrad
so üblich. Ich muss mich während der Bombardierung
hinter einem großen Küchenschrank verstecken und
Angst haben. Der Schrank ist ein wertvolles Stück,
richtig alt und mit Lorbeertüten vollgepackt, die russisch beschriftet sind. Die Lorbeerblätter ergeben in
diesem Zusammenhang nur wenig Sinn, aber die Requisitentante kann die Beschriftung sowieso nicht le-

sen, Hauptsache es ist etwas Russisches. Die Bombardierung findet mit großem technischem Aufwand statt: Ein Techniker rüttelt den Küchenschrank, ein anderer schüttet Staub auf mich. Die Regieassistentin ist unzufrieden. »Sie sind nicht ängstlich genug«, meint sie. »Stellen Sie sich vor, heute könnte der letzte Tag Ihres Lebens sein. Können Sie nicht ein entsprechendes Gesicht machen? Nicht so steif!« »Für dreizehn Mark in der Stunde schneide ich doch keine Grimassen«, protestiere ich. »Es reicht schon, dass ich vollgestaubt hinter diesem Lorbeerschrank sitze. Für Grimassen haben Sie doch Roger Rabbit.« Ein Lohnkonflikt bricht aus. Ich werde schließlich ausgetauscht und gehe zu den anderen Statisten, die draußen Karten spielen.

Die Fickszene wird als Schatten durch eine Zeltwand gedreht. Neben dem Zelt spielen wir, die Soldaten, Karten. Der bulgarische Zauberer zeigt uns ein paar Kartentricks und erzählt, wie ihn die Bundesregierung damals für DM 35 000 aus dem bulgarischen Gefängnis freikaufte. »Ein guter Deal«, meint der Bulgare. Sein deutscher Kollege erwidert, das sei rausgeschmissenes Geld gewesen. Die Russen schweigen dazu höflich. Die Regieassistentin kommt und fragt, ob jemand bereit sei, seinen Hintern vor der Kamera zu entblößen, dafür gäbe es zusätzlich 250,– Mark. Die Russen genieren sich, der Bulgare auch. Nur der Deutsche ist bereit. Sein Hintern wird mit zwei Kameras gefilmt – von hinten und von der Seite. In der Szene geht es um Folgendes: Während sich die Mumien-Frau im Zelt mit Shakespeare in Love dem Rausch der Leidenschaft hingibt, haben die Kartenspieler draußen ihren eigenen Spaß. Der Verlierer muss fünf Kerzen mit einem Furz ausblasen. So sind sie eben, die wilden russischen Sitten. Die 30 Soldaten sollen sich dabei wie verrückt amüsieren, aber alle schämen sich nur.

In den Schützengräben
von Stalingrad

»Ich hätte eigentlich viel lieber einen deutschen Offizier gespielt«, sagt Grischa zu mir und stopft sich schwarzen Kaviar in den Mund. Grischa ist der einzige russische Schauspieler, der es geschafft hatte, eine einigermaßen vernünftige Rolle bei der Stalingrad-Verfilmung »Enemy at the Gates« zu bekommen. Er spielt einen sowjetischen Politoffizier, hat drei Drehtage und kassiert dafür DM 10 000,–.

Grischa ist ein weiser Mann: »Man muss die Deutschen bei dieser komischen Filmproduktion in Schutz nehmen«, meint er. Wir sitzen im Chruschtschow-Stab, die Dreharbeiten sind gerade beendet. Gestern wurden hier »Die russischen Offiziere beim Frühstück« gefilmt. Im KaDeWe hatte die Requisitentante jede Menge Fisch sowie mehrere Kilo Kaviar zu DM 4000,– das Kilo gekauft und fünfzig Flaschen alten sowjetischen Champagner aufgetrieben. Mit diesen und anderen tollen Sachen wurde der Frühstückstisch voll gestellt. Doch die Schauspieler aßen und tranken nichts davon. Anschließend wurde die nächste Szene von der Requisite vorbereitet: »Die Russen haben gegessen.« Dazu verteilte man den Kaviar und die Fische gleichmäßig über den ganzen Tisch und manschte darin herum, als wären Wildschweine darüber gelaufen. Zu guter Letzt schütteten sie den Champagner über die Bescherung, damit auch dem Dümmsten klar wird: Hier haben die Barbaren mitten im Krieg eine Orgie veranstaltet.

Nun stehen Grischa und ich an diesem Tisch und bedienen uns unauffällig, bevor alles im Mülleimer landet. »Die Deutschen müssen geschützt werden«, fährt Grischa fort, »weil sie damals doch eine ehrenvolle Niederlage erlitten haben. Jetzt haben wir wieder Ende Februar und draußen schon 14 Grad plus. In Stalingrad, bei minus 24 Grad, hatten sie es in ihren dünnen Uniformen bestimmt nicht leicht. Das war fast ein Selbstmordtrip. Sie hätten damals schon das KaDeWe erstürmen sollen.« Plötzlich hustet mein Freund. Er hat schon wieder einen Leberfleck von Chruschtschow verschluckt. Dem Hollywoodschauspieler Bob Hopkins, der die Rolle von Chruschtschow spielt, fallen ständig die falschen Leberflecken ab. Er hat ein sehr bewegliches Gesicht und muss jede Stunde von mehreren Maskenbildnerinnen neu geschminkt werden. Dazu benutzen sie ein dickes amerikanisches Chruschtschow-Buch, in dem ganz genau steht, welche Leberflecke der Russe wo hatte.

»Schade, dass sie den Champagner wegschütten«,

meint Grischa. »Aber was soll's, die Amis sind nun mal keine Champagnertrinker, die stehen mehr auf Bier.« »Die Russen trinken auch gerne Bier«, erwidere ich. »Die Russen trinken alles, sie lassen sich auch nicht lange bitten«, sagt Grischa. Ich hatte inzwischen Chruschtschows Frühstück weiter verputzt und konnte nicht mehr. »Schluss mit der falschen Bescheidenheit, wir dürfen nicht zulassen, dass deine ganzen guten Sachen weggeschmissen werden. Das sind wir unseren Vätern schuldig, die einst Stalingrad stürmten«, agitierte mich Politoffizier Grischa. »Das ist doch eine auf Verschwendung angelegte Filmproduktion, die werden neues Zeug einkaufen und wieder alles wegwerfen. Was meinst du, warum dieser Film überhaupt gedreht wird?«, versuchte ich meinen Freund aufzuklären. »Wie – warum? Aus Albernheit natürlich«, meinte er. »Aus Schadenfreude«, behauptete ich, »ein überaus tpyisches Verhaltensmerkmal der westlichen Zivilisation.« »Das muss ich meinen amerikanischen Kollegen erzählen.« Grischa überlegt kurz und kaut weiter. »Wie heißt eigentlich ›Schadenfreude‹ auf Englisch?« »Weiß ich nicht, muss man im Wörterbuch nachsehen.« Wenig später fanden wir in der Requisite ein Deutsch-Englisches-Wörterbuch. ›Schadenfreude‹ heißt auf Englisch ›Schadenfreude‹.

Political Correctness

Die moderne Gesellschaft zerstört die traditionellen Umgangsformen der Menschen. Damit das Zusammenleben aber nicht gänzlich unerträglich wird, schaffen die demokratischen Staaten neue künstliche Regeln. Der letzte Schrei auf diesem Gebiet ist die *political correctness.*

In den USA, dem Land der unbegrenzten Anzahl von Gesetzen, dürfen die Frauen zum Beispiel seit einiger Zeit im Zuge der Gleichberechtigung in der New Yorker U-Bahn mit entblößten Brüsten fahren. Gleichzeitig ist es den anderen Fahrgästen verboten, ihre nackten Titten anzustarren. Das gilt als politisch höchst unkorrekt, wird als Verletzung der Privatsphäre betrachtet und kann bei der Polizei angezeigt werden.

An der *Berliner Volksbühne* sind an der »Titus Andronikus«-Inszenierung zwei russische Schauspieler beteiligt. In dem blutigsten und gewalttätigsten Shakespeare-Drama werden ununterbrochen die Darsteller verstümmelt. Eine Unmenge von Beinen, Händen, Zungen und anderen lebenswichtigen Körperteilen werden auf der Bühne abgehackt. Die Hauptübeltäter, die Barbaren, werden von Russen gespielt. Denn offenbar ist jedem klar, dass Barbaren diejenigen sind, die von weither kommen und Deutsch mit russischem Akzent sprechen.

In New York darf man Mongoloide nicht als Mongoloide bezeichnen. Politisch korrekt heißen sie »alternativ begabte Menschen«. Es gibt viele amerikanische Bücher und Hollywoodfilme, die sich des Themas »Alternative Begabung« annehmen. Eine ganze Kulturindustrie ist daraus entstanden. In der Regel arbeiten viele alternativ begabte Mongoloide in Kaufhäusern und Supermärkten, wo sie an der Kasse stehen und die gekauften Waren in Tüten packen. Sie sind immer nett und lassen einen gleich an Forest Gump und den Rainman denken. Doch die New Yorker Rainmänner haben eine merkwürdige Angewohnheit: Beim Einpacken schieben sie immer die weichen Früchte und das Gemüse zuerst in die Tüte, die Zweiliterdosen und Whiskeyflaschen kommen dann oben drauf. Die Amerikaner, die in Sachen *political correctness* schon einiges gewohnt sind, ärgern sich darüber kein bisschen. Im Gegenteil, weil sie moderne aufgeschlossene Menschen sind, können sie die zunächst befremdliche Logik von alternativ Begabten total gut nachvollziehen: Die Mongoloiden tun dies nicht, um den anderen den Konsumspaß zu verderben. Sie wollen einfach nur die schönsten und sich angenehm anfühlenden Sachen

zuerst in die Hand nehmen – die warmen roten To-
maten, die Paprikaschoten. Als Letztes fassen sie die
kalten, toten, nichts sagenden Olivenölbüchsen und
Flaschen an. Sie bewerten die Dinge nicht nach dem
Gewicht, sondern nach anderen, vielleicht ästheti-
schen Kategorien.

In einem Berliner Theater fragte neulich eine
schwarzafrikanische Schauspielerin den Regisseur,
was er sich dabei gedacht habe, als er ihr die Rolle des
Teufels anbot. Der Regisseur meinte, dass es ihm dabei um bestimmte Charaktereigenschaften der Frau
gegangen sei. »Merkwürdig«, sagte die Schauspielerin,
»seit fünf Jahren lebe ich in Deutschland, drei Thea-
terinszenierungen habe ich bereits mitgemacht, und
jedes Mal musste ich den Teufel spielen.« »Beruhige
dich, Marie-Helene«, sagte der Regisseur, streichelte
ihr über den großen Hintern und lächelte milde, »das
hat absolut nichts damit zu tun, dass du zufällig
schwarz bist.«

Die Russendisko
Ein umfassender Augenzeugenbericht
des Initiators

Am 6. November fand in der Tacheles-Kneipe *Zapata* erstmals ein Tanzabend mit russischen Hits statt, unter dem Titel »Wildes Tanzen in den Jahrestag der großen Oktober-Revolution«. Dank der Werbung von »Radio MultiKulti« stieß die »Russendisko« auf allgemeine Begeisterung beim zahlreich erschienenen Publikum.

Das *Zapata* war gerammelt voll. Nach den Berechnungen der Frau des Initiators, die an der Kasse stand, waren insgesamt 300 zahlende Besucher gekommen. Der Eintrittspreis betrug DM 7,- und wurde auch von der Frau des Initiators mit aller Härte von jedem Besucher verlangt. Leider zeigten sich allzu viele Russen auf diesem Gebiet unkooperativ, sie wollten umsonst wild tanzen, konnten aber nicht alle gleich gut argumentieren. So wurden dann Eintrittsgelder zwischen DM 4,- und 7,- verlangt, je nach Aussehen und Hartnäckigkeit. Das Publikum war jung und international. Mit dabei war unter anderem ein spanisches Fernsehteam, das sich wahrscheinlich in der Oranienburger

Straße verlaufen hatte und dann überraschenderweise im Tacheles auftauchte. Auch eine Gruppe ehemaliger japanischer Touristen, die seit über einem halben Jahr im Tacheles als verschollen gegolten hatten, tauchte plötzlich wieder auf. Die Lokalredakteurin der *Berliner Zeitung* fand das alles sehr aufregend und behauptete, nur die Russen könnten so toll feiern. Dennoch fühlte sie sich schon bald recht kränklich und verlangte immer wieder nach Heilgetränken wie Kamillen- oder Pfefferminz-Tee, die jedoch im *Café Zapata* nicht ausgeschenkt werden.

Trotz der großen Anzahl zahlender Gäste war der Geschäftsführer des *Zapata* von den Russen im Großen und Ganzen enttäuscht, weil sie nicht so viel tranken, wie er gehofft hatte. Der Umsatz an der Bar ließ zu wünschen übrig, und die fünf Kisten von dem merkwürdigen Getränk »Puschkin-Leicht«, das er seit über einem Jahr auf Lager hatte und nun endlich loswerden wollte, verkauften sich nicht gut. Da die Mehrzahl der Gäste dennoch ziemlich schnell betrunken war, vermutete der Geschäftsführer, dass viele Russen nach alter Tradition ihre Getränke selbst mitgebracht hatten, und damit hatte er wohl gar nicht so Unrecht.

Die Veranstalter versuchten zwischendurch immer wieder, den tanzenden Massen den Sinn und die Bedeutung der Oktober-Revolution zu vermitteln und daneben die Werte des Internationalismus sowie der Völkerverständigung durchzusetzen, beispielsweise in den Ansagen zum so genannten »Weißen Tanz«, bei dem die Damen die Kavaliere auffordern. Dabei fanden viele allein stehende Russinnen ihr Schicksal, indem sie neue Freunde und Partner trafen, oder interessante Menschen kennen lernten. So gelang es der Redakteurin der russischen Redaktion von »Multi-Kulti« nach vier Stunden wilden Tanzens, einen kräftig gebauten, circa 1,90 großen Mann mit Halbglatze anzubaggern, der sich als *Pro-Sieben*-Manager vorstellte. Bei dem Versuch, ihn nach Hause abzuschleppen, löste sich der Mann jedoch in Luft auf. Die Redakteurin verunglimpfte daraufhin den Sender, weil dies schon der dritte *Pro-Sieben*-Manager war, den sie innerhalb eines Jahres kennen gelernt hatte und der dann plötzlich verschwunden war. Eine andere Frau hat einen jungen Filmemacher aus Potsdam kennen gelernt, und der ruft immer noch jeden Tag bei ihr an.

Selbst nach sechs Stunden wilden Tanzens wollte noch keiner gehen, aber das Diskjockey-Team war völlig erschöpft und stellte um halb fünf die Musik ab. Aufgrund des Erfolgs wollen die Veranstalter aber demnächst einen weiteren Disko-Abend organisieren: »Russendisko – Wildes Tanzen in die Heilige Nacht«. Dazu lädt Sie alle herzlich ein:

Ihr Initiator

Das Frauenfrühlingsfest

Der Frauenclub, eine der aktivsten Abteilungen der jüdischen Gemeinde in Potsdam, richtete neulich angesichts der steigenden Temperaturen ein großes Frühlingsfest aus. Als passender Ort dafür erwies sich die moderne evangelische Kirche am Kirchsteigfeld, deren überaus toleranter Pfarrer für nahezu alles auf der Welt Verständnis hat und sich schon lange über nichts mehr wundert.

Wie angekündigt begann die Feier mit einer Modenschau. Eine berühmte Designerin und gleichzeitige Aktivistin des Frauenclubs hatte dazu eine Frühjahrs- und Sommerkollektion für selbstbewusste junge Mädchen entworfen. Die Kleider waren alle nach dem Prinzip »oben ohne« geschnitten. Die Designerin hatte für ihre Kollektion ziemlich viel Fantasie aufgewendet, aber nur wenig Stoff. Unter dem Beifall des Publikums liefen die Mädchen mit freiem Oberkörper über die vom männlichen Anhang des Frauenclubs aufgebaute Bühne. Dem Programmheft konnte man entnehmen, dass die Frühjahrs- und Sommerkollektion zuvor bereits in New York, Sydney und London, also quasi weltweit, vorgestellt worden war und überall große Begeisterung ausgelöst hatte. Der anschließende Auftritt der Kinderballettgruppe »Gänsehaut« mit dem Tanz der kleinen Schwäne brachte das Publikum noch mehr auf Touren. Nur den Pfarrer ließ diese Vorstellung kalt. Der Mann vom Kirchsteigfeld hatte wohl schon einiges in seinem Leben gesehen.

Nach dem Kinderballett kam der gemischte Chor der jüdischen Einwanderer und Russlanddeutschen mit seinem neuen Programm: »Uns geht es gut«. Man trug selbst gedichtete so genannte Schnadahüpfel vor, eine volkstümliche russische Sitte. Die Schnadahüpfel hatten in Russland immer eine große gesellschaftskritische Bedeutung, weil sie in oft überzogener Form die Stimme des Volkes zum Ausdruck brachten. Der Chor setzte bei seinen Schnadahüpfel einige Sachbearbeiter des Potsdamer Sozialamts sowie der Einwanderungsbehörde der Kritik aus und rief zugleich alle jüdischen Einwanderer und die Russlanddeutschen auf, mehr zusammenzuhalten und ihre Freundschaft zu verstärken. Denn immerhin hätten beide Gruppen eine gemeinsame Vergangenheit, die Sowjetunion.

Als nächster Unterhaltungsgast trat ein Mann auf, der schon seit geraumer Zeit unter dem Spitznamen »der Übersetzer« in der Potsdamer Einwanderer-Szene bekannt ist. Seit Jahren übersetzt dieser Mann den berühmtesten aller russischen Dichter, Puschkin, und zwar ein und dasselbe Gedicht und das immer wieder neu. Es heißt »An den Dichter«. Dieses Gedicht hatte Puschkin sich seinerzeit selbst gewidmet. Nun trug es »Der Übersetzer« in einer neuen modernen Version vor, in der sich alles reimte: »Scher dich nicht drum mein Freund, ob man dir Beifall spende / Bleib cool – gelassen bis ans Ende / Geh freien Geists wohin dein Weg sich wende / Und deiner Schöpfung Frucht mit stillem Schrei vollende«.

Am Ende der Veranstaltung des Frauenclubs der jüdischen Gemeinde nahmen alle Anwesenden an einer Mahlzeit teil: die Mädchen mit freiem Oberkörper, das Kinderballett, der gemischte Chor der jüdischen Gemeinde, der Puschkinübersetzer wie auch einige zufällige Passanten, die zur nächtlichen Stunde noch Licht in der Kirche am Kirchsteigfeld gesehen hatten. Sie alle versammelten sich um den Tisch mit den Speisen und Getränken. Es gab Lebkuchen und Kadarka bis zum Abwinken. Nur der evangelische Pfarrer blieb alleine in seiner Ecke sitzen. Auch nach dem letzten Bauchtanz, als endlich auch der Rest nach Hause ging, rührte er sich nicht. Bestimmt blieb er noch die halbe Nacht dort sitzen und dachte über all das nach, was an diesem Tag passiert war.

Der Columbo vom Prenzlauer Berg

Um neun Uhr morgens klingelte jemand an der Tür. Ich sprang aus dem Bett, zog meine rote Lieblingsunterhose an und machte auf. Es war wieder die Polizei. Ein älterer Herr in grüner Uniform mit einer großen Pistole im Halfter und etwas schrägem Blick. Inzwischen kannte ich ihn bereits, den Columbo vom Prenzlauer Berg. »Verstehen Sie Deutsch?«,. fragte er mich wie immer. »Aber sicher, Inspektor, kommen Sie doch rein.« Ich übernahm sofort unbewusst den Mörderpart. »Ich hoffe, ich störe nicht«, murmelte Columbo, als er meine halb angezogene Familie in der Küche sitzen sah. Meine dreijährige Tochter schlug ihm sofort vor, Hühnchen und Hahn mit ihr zu spielen. »Nein, Schatz, der Onkel ist nicht zum Spielen gekommen.«

Die Sache war nämlich die: Vor gut drei Monaten war nachts in unserem Hof eine Schusswaffe abgefeuert worden. Die Kugel hatte ein Loch im Fenster einer leer stehenden Wohnung im dritten Stock verursacht. Meine Frau und ich saßen zu der Zeit vor dem Fernseher und sahen uns »Missing in Action« auf *Pro Sieben* an. Auf dem Bildschirm verbreitete Chuck Norris, der wegen seiner in Südostasien verschollenen Familie stinksauer war, wieder einmal Tod und Schrecken unter den Vietnamesen. Unser Haus in der Schönhauser Allee ist zur Hälfte von Vietnamesen und zur Hälfte von Latinos bewohnt, die nicht müde werden, zu »Guantanamera« zu tanzen. Es ist ziemlich laut bei uns im Haus und draußen sowieso. Im Fernsehen brachte Chuck Norris gerade die Vietnamesen im Dutzend zur Strecke, die sich das jedoch nicht ohne weiteres gefallen ließen und zurück ballerten. Über uns tobten die Latinos, wieder und wieder legten sie »Guantanamera« auf. Draußen fuhren glückliche Zugführer die letzten U-Bahnen ins Depot. Irgendwann knallte es auf dem Hof. Es fiel nicht besonders auf.

Columbo nimmt das wahrscheinlich alles viel zu ernst. Er ist seither jede Woche bei uns auf dem Hof zu sehen. Er läuft hin und her, misst die Entfernungen aus und stochert im Laub. Manchmal bleibt er in einer Ecke stehen und schaut nachdenklich in den Himmel. Immer wieder besucht er auch jemanden im Haus. Von Tag zu Tag weiß er mehr über uns, nun ist ihm sogar die Farbe meiner Unterhosen kein Geheimnis mehr. »Vielleicht war es ein Luftgewehr?«, versuche ich zaghaft seinen Fall herunter zu spielen. »Dann muss es aber ein verdammt großes Luftgewehr gewesen sein!«, erwidert er und kneift beleidigt ein Auge zusammen.

Man sieht ihm an, dass er dem Täter bereits dicht auf der Spur ist. »Haben Sie irgendetwas Merkwürdiges bemerkt in der letzten Zeit?«, fragt er uns. Schon mit dieser einfachen Frage schafft er es, mich in Verlegenheit zu stürzen. Wie soll ich ihm erklären, dass in unserem Haus fast alle Mieter wie verdammte Amokläufer aussehen? Nein, davon erzähle ich Columbo nichts. Ich schweige lieber. Und tue so, als würde ich über »Merkwürdiges« nachdenken: »Nein, eigentlich habe ich nichts bemerkt.« Der Inspektor verabschiedet sich: »Hier, meine Karte.« An der Tür bleibt er noch einmal stehen. »Ach, übrigens das habe ich ganz vergessen: Gehört der Kinderwagen unten auf dem Hof Ihnen?« »Nein, der gehört uns nicht.« Das habe ich ihm schon einmal gesagt, aus Versehen, und jetzt muss ich eisern bei dieser Version bleiben. Als er weg ist, bitte ich meine Frau, sich für den Fall seiner Rückkehr zu merken, dass unser Kinderwagen auf dem Hof nicht uns gehört. Kurz darauf beginnt es draußen zu schneien. Ich schaue aus dem Fenster. Columbo ist schon wieder auf dem Hof – und freut sich. Er freut sich! Ich kann den Grund seiner Freude nachvollziehen, bald ist es Winter und überall wird Schnee liegen, in dem die Verbrecher ihre Spuren hinterlassen. Nun wird er uns alle, früher oder später, erwischen.

Stadtführer Berlin

Seit einiger Zeit gilt Berlin in den russischen Reisebüros als eine Art Geheimtipp für Reiche. Man könne sich dort mörderisch amüsieren, heißt es. In einem russischen Stadtführer von Berlin werben die Reiseveranstalter mit dem Slogan »Hissen Sie Ihre ganz persönliche Flagge auf dem neuen Deutschen Reichstag – Berlin erleben und erobern!«

Mein alter Freund Sascha, der an der Humboldt-Universität Germanistik studiert, bekam neulich den Auftrag, einen dieser russischen Berlin-Stadtführer zu aktualisieren. Nichts Dramatisches, nur ein paar frische Geheimtipps wie Potsdamer Platz und Ähnliches. Verzweifelt kam er zu mir. Die reichen Russen haben wenig Zeit, deswegen sind in den alten Stadtführern meist nur Eintage-, höchstens Dreitagereisen eingeplant. Alles muss schnell gehen. Bei einer Fünftagereise für besonders pedantische Touristen wird der Reisende sogar zum Teufel geschickt, nämlich nach Potsdam – raus aus Berlin. »Eine herrliche Landschaft mit vielen Skulpturen, Imbissen und Wasserfällen« ist über Potsdam in der russischen Ausgabe zu lesen. »Besonders zu empfehlen ist das Schloss Sanssouci, das 1744 von König Friedrich II. erbaut wurde. Auch lohnt sich ein Besuch der dortigen Kantine, die gegrillte Schweine mit Speckklößen und Apfelrotkraut anbietet. Die Bildergalerie im Schloss ist ebenfalls sehenswert, dort hängen einige echte Caravaggios und Raffaels, die jedoch nicht zu verkaufen sind. Achtung: Trinken Sie auch bei starkem Durst nicht aus dem Wasserfall, es könnte zu Erkrankungen führen.«

Die Angaben zu den kürzeren Reisen sind in demselben Ton verfasst, einer Mischung aus pathetischem Kunstbuch und sorgsam gestrickter Speisekarte. Bei der Eintagereise erhöht sich die Geschwindigkeit enorm. Vom Europa-Center rennt der Russe zum KaDeWe, um dort die Tiefseekrabben zu kosten. Das KaDeWe wird als »herrlich« und »besonders preiswert« eingestuft. Danach fährt er zum Brandenburger Tor, das als »herrlicher Rest der Berliner Mauer« bezeichnet wird. Auch im Ostteil der Stadt sollte man eine Kleinigkeit zu sich nehmen. Die »deutschen Steaks«, wie die Russen die Bockwürste nennen, sind nämlich auch im Osten »herrlich« und schmecken »hervorragend«. Obwohl der Wein nicht mehr »so lieblich ist wie vor der Wende, die nun wirklich schon sehr lange her ist«. Danach geht es weiter zum Reichstag, wo der Russe seine ganz persönliche Flagge hissen kann – was immer der Autor damit gemeint haben mag.

Nun sollte Sascha sich aber etwas zum Potsdamer Platz einfallen lassen. Den ganzen Abend saßen wir bei uns in der Küche. Seltsam. Uns fiel zum Potsdamer Platz gar nichts ein. »Ein Stück herrliche Zukunft im Herzen der Altstadt«?, bot ich verzweifelt an. Als ich das letzte Mal dort war, wurde ich innerhalb einer halben Stunde dreimal von Sicherheitsbeamten angesprochen. Beim ersten Mal war mein Schnürsenkel lose, und ich hatte mich hingekniet, um ihn festzubinden. Im nächsten Augenblick stand ein Beamter vor mir: »Was ist los?« »Vielen Dank, es ist alles in Ordnung«, antwortete ich und lief weiter. Auf der Suche nach einer Toilette betrat ich einen dieser herrlichen Wohn- und Erholungsblocks, die dort überall rumstehen. Sofort kam ein weiterer Beamter: »Was gibt's?« »Alles paletti«, sagte ich und machte mich davon. »Besuchen Sie den Potsdamer Platz, das Reich der Reichen. Hier in den Bars und Casinos können Sie schnell und ohne großen Aufwand Ihr schwer verdientes Geld loswerden.« Das ließen wir dann stehen. Es war spät geworden. Wir gingen hinaus und tauchten in die Tiefe des Prenzlauer Bergs ein, um etwas zu trinken.

Die neuen Jobs

Das Jahrtausend ist um. Ein guter Grund für einen Neuanfang, die gesamte Menschheit sehnt sich nach Veränderung. Viele unserer Bekannten begeben sich bereits jetzt auf die Suche nach einer neuen Wohnung, nach neuen Freunden, neuen Jobs. Der *motz*-Verkäufer Martin hat schon eine richtige Karriere gemacht. Nachdem er monatelang die Fahrgäste in der U-Bahn-Linie 2 genervt hat mit seinem »Guten Tag, ich bin der Martin, ich verkaufe die Obdachlosenzeitung, eine Mark geht an mich, ich wünsche Ihnen eine angenehme Weiterfahrt«, erschien er dort neulich überraschend als neuer Mensch: »Guten Tag, ich bin der Martin, Fahrausweiskontrolle, Ihren Fahrschein bitte.«

Unsere Feundin Lena, die mit ihrem Job als Aerobiclehrerin total unzufrieden war, machte eine Umschulung zur Grafikdesignerin. Nachdem sie fleißig zahllose Bewerbungen geschrieben hatte, meldete sich eine Firma und bestellte Lena zu einem Vorstellungsgespräch. Sie bereitete sich gründlich darauf vor, unter anderen, indem sie in einem Kosmetik-Fachgeschäft neue amerikanische Augenwimpern aus Nerzhaaren in Extralänge erwarb und dazu einen speziellen extra starken Klebstoff, der verhindert, dass die Wimpern beim Zwinkern und Laufen runterkrachen. Bei dem Gespräch brachte Lena die Dinger heftig in Bewegung, sie schwangen hoch und runter, aber alles umsonst. Der Manager auf der anderen Seite des Tisches schien blind und gefühllos zu sein. Auf der Kaffeetasse in seiner Hand stand »Alles Käse«. Er versprach Lena vage, sie irgendwann anzurufen. Nach dem Gespräch bekam Lena eine Panikattacke: Sie konnte ihre Augen nicht mehr richtig öffnen. Die extralangen amerikanischen Nerzwimpern hatten sich ineinander verknotet, und Lena war praktisch halb blind. Zu Hause stellte sie fest, dass sie kein Lösungsmittel für den Kleber besaß. Aber es kam noch schlimmer: Für den extra starken Klebstoff, mit dem die extra langen Wimpern befestigt waren, brauchte man ein extra kräftiges Lösungsmittel, das es nur im KaDeWe gibt. Wie ein Waldgeist mit verklebten Augen kam Lena zu uns. Sie war völlig fertig. Ich musste dann für sie ins KaDeWe fahren, um das Heilmittel zu besorgen. Nun hat sie wieder freie Sicht, aber der Typ von der Computerfirma hat sich bisher noch nicht gemeldet.

Ich hatte neulich auch einen interessanten Job: »Wir suchen einen russischen Sprecher, der uns zehn Wörter auf Russisch sagen kann, dafür gibt es DM 100,–.« Die männliche Stimme am Telefon klang sehr seriös.

›Was sind das wohl für Wörter, hoffentlich keine Schimpfworte‹, grübelte ich auf dem Weg zum Tonstudio in der Manteuffelstraße, wo die Aufnahme stattfinden sollte. Dort wurde ich aufgeklärt: Ein polnischer Wissenschaftler hatte ein neuartiges gynäkologisches Gerät erfunden, das den Frauenarzt voll ersetzen soll. Und es kann in drei Sprachen sprechen: Deutsch, Englisch und Russisch. Nun wird das Wundergerät die Frauen des XXI. Jahrhunderts auf Russisch mit meiner Stimme beglücken: »Behälter ist voll«, »Behälter ist leer«, »Achtung, eine Luftblase!« »Warum klingen Sie so traurig?«, fragte mich der Aufnahmeleiter beleidigt. »Ich dachte, es handelt sich um Pannen, es ist doch traurig, wenn beispielsweise der Behälter leer ist«, erwiderte ich. »Ach Quatsch! Das ist wunderbar! ›Behälter ist leer‹! Das ist fantastisch! Sie können nach Hause gehen!«

Es war ein amüsanter Job. Der Aufnahmeleiter versprach mir, mich beim nächsten Gerät wieder zu engagieren. Es wird sich dabei um eine sprechende Akupunkturmaschine handeln, die unter anderem Russisch mit einem leichten chinesischen Akzent sprechen soll. Obwohl der Termin noch nicht feststeht, konnte ich den neuen Text schon zum Üben mit nach Hause nehmen. In der U-Bahn las ich ihn. Bereits der erste Satz begeisterte mich: »Alles wird uns gelingen!«, sagt die Maschine.

Der Radiodoktor

Die in Berlin lebenden Russen trauen deutschen Ärzten nicht. Sie sind zu selbstsicher, wissen immer Bescheid, noch bevor der Patient ihre Praxis betritt, und für alle Krankheiten der Welt haben sie sofort die richtige Medizin auf Lager, für alle Probleme des Patienten eine Lösung. Das geht doch nicht! Ein Arzt, der den Russen genehm ist, muss die Furcht des Patienten vor seiner Krankheit teilen, ihn trösten, ihm Tag und Nacht beistehen, sich alle Geschichten über seine Frauen, Kinder, Freunde und Eltern anhören und mit der Diagnose, die sich der Kranke selbst stellt, möglichst einverstanden sein. Ganz wichtig ist auch: Er muss gut Russisch können, sonst kann er die Tiefe des Leidens nicht nachvollziehen. Deswegen suchen sich die kranken Russen stets einen russischen Doktor. Er lässt sich überall leicht finden.

In Berlin gibt es sie für jeden Fachbereich: Zahnärzte und Gynäkologen, Röntgenologen und Psychologen, Dermatologen und Kardiologen. Der Berühmteste von allen ist der so genannte Radiodoktor. Mit

Radiologie hat der Mann nichts zu tun, er heilt die Menschen hier per Rundfunk, indem er jeden Montag um halb sieben mit seiner Sendung »Die Ratschläge eines Doktors« beim SFB 4 »Radio MultiKulti« in russischer Sprache auftritt. Der Radiodoktor ist ein alter Mann, der vor ein paar Jahren aus einer ukrainischen Kleinstadt nach Berlin gezogen ist. In den Sechzigerjahren arbeitete er dort in einem Krankenhaus. Nun rettet er mit seinen wertvollen Erfahrungen Menschenleben per Funk.

Seine Sendung fängt immer auf die gleiche Art an: »Viele unserer Hörer beschweren sich wegen ständiger Kopfschmerzen. Ich weiß nicht, wie das heute erklärt wird, aber bei uns damals in der Ukraine gab es dafür nur zwei Ursachen: die Männer hatten Kopfschmerzen vom schlechten Schnaps, und die Frauen hatten Kopfschmerzen von der Menstruation.«

Der Radiodoktor hat bei den Russen enormen Erfolg. Niemand sonst bekommt so viele Anrufe und so viel Fanpost wie er. Aus diesen Anrufen und Briefen sucht sich der Radiodoktor die Themen für seine weiteren Sendungen heraus. Über alles weiß er Bescheid: Er klärt die Russen auf, was man gegen Pickel machen kann: »Die sagen Clearasil, aber ich kann mich noch gut erinnern, Benzin tut es auch. Am besten Diesel – zwei- dreimal am Tag das Gesicht mit Diesel abwaschen, und die Pickel verschwinden wie von selbst.«

Als erprobtes Mittel gegen Erkältung schlägt der

Radiodoktor Wodka mit Pfeffer und Honig vor. Auch weiß er, wie man das Geschlecht des zukünftigen Kindes vorprogrammieren kann und wie man sich immer richtig ernährt. Ein Lieblingsthema des Doktors ist die so genannte türkische Diät. Er lebt in einem russischen Getto in der Nähe vom Halleschen Tor und hat ständig einen türkischen Basar vor Augen.

»Sie haben sich alle sicherlich schon einmal gefragt, wieso die türkischen Kinder viel robuster als die unseren aussehen, warum sie schneller sind und vor Energie nur so strotzen. Das ist eine Frage der Ernährung, auf dem türkischen Markt wird das jedem klar: Die Türken stopfen unheimlich viel Gemüse in sich hinein, wenig Fleisch, viele leichte Produkte, eine vitaminreiche Diät also. Und wir Russen? Heute ein Schweinebraten, morgen ein Schweinebraten. So kommen wir nicht weiter, Kameraden!«

Der Radiodoktor wird auch von seinen Funkkollegen sehr geliebt und geachtet. Viele vertrauen ihm ihre tiefsten Geheimnisse an, bitten ihn um Rat. Sie wissen: Der Radiodoktor hilft auch dann, wenn alle anderen versagen. Neulich rief ein Mann in der Redaktion an. Er wollte mit niemandem reden außer dem Radiodoktor, der ihm am Telefon beweisen musste, dass er es auch wirklich selbst war. »Ich habe Knochenkrebs, die deutschen Ärzte wollen mir ein Bein abhacken. Halten Sie das auch für notwendig, oder gibt es vielleicht eine Alternative?« »Es gibt immer eine

166

Alternative«, erwiderte der Radiodoktor. »Essen Sie Blei!« »Was esse ich?« »Sie sollen Blei essen. Viel Blei«, wiederholte der Doktor und legte müde den Hörer auf. Noch ein Menschenleben gerettet.

Berliner Porträts

Ein Freund kam zu mir und fragte, ob ich nicht zufällig einen Kosmetikchirurgen kennen würde und wie teuer eine kosmetische Operation kommen könnte. Er wolle sich ein neues Gesicht verpassen lassen. Ich wunderte mich, denn bisher war Sascha immer mit seinem Äußeren zufrieden gewesen. Ich empfahl ihm stattdessen einen Kinderpsychiater, den ich zufällig vor kurzem kennen gelernt hatte und erklärte ihm, das Einzige, was er an seinem Gesicht ändern solle, sei der Ausdruck – es wirke so tragisch. Sascha wurde wütend, weil ich sein Problem nicht ernst nahm und erzählte mir, was man ihm angetan hatte.

Seine neue Freundin schleppte ihn ständig zu irgendwelchen Partys. Einmal waren sie zu einer Vernissage eingeladen, es war die Ausstellungseröffnung einer Galerie in Mitte. Sascha wäre an dem Tag lieber zu Hause vor dem Fernseher geblieben, und dann wäre das alles auch gar nicht passiert. Der Raum war mit neugierigem Publikum brechend voll, es herrschte eine feierliche Stimmung. Der Künstler stellte sich persönlich vor. Alle tranken Wein und unterhielten sich über Kunst. Die Bilder – oder waren es Fotos? Daran konnte sich Sascha nicht mehr erinnern, nur dass sie deutlich die Homosexualität des Autors betonten. Es waren Schwänze, Hunderte von Schwänzen, die von allen Wänden freundlich winkten. Etwas angetrunken ließ sich Sascha auf ein mehrstündiges Gespräch mit dem Autor über Kunst ein, obwohl er als ausgebildeter Elektriker eigentlich keine Ahnung davon hatte. Vom Wein berauscht, interpretierte Sascha sogar einen Artikel aus dem *Focus,* eine Kulturbilanz des vergangenen Jahres, den er ausschnittweise beim Friseur gelesen hatte. Der Künstler hörte ihm aufmerksam zu und sagte Dinge wie: »Sie erzählen sehr interessant«, »Sie haben einen frischen Blick«, und »Wir müssen uns unbedingt näher kennen lernen«. Dabei fasste er Sascha mehrmals zwischen die Beine. Am nächsten Tag war bereits alles wieder vergessen.

Wenig später kam Saschas Freundin zu ihm und platzte fast vor Lachen. Sie hatte gerade mit ihrer Freundin im Café *Historia* am Kollwitzplatz Kakao getrunken und sich dort die neu bemalte Decke angesehen. Plötzlich hatte sie mitten auf dem Gemälde ihren Sascha entdeckt. Er war als Zeus verkleidet und schaute sie mit freiem Oberkörper frech von oben an. Das Gemälde stammte vom Schwanz-Künstler, der seinen Lebensunterhalt als Kneipen-Maler verdiente. Saschas Freundin war davon überzeugt, dass der

Künstler sich richtig heftig in Sascha verknallt hatte und nun durch seine schöpferische Arbeit versuchte, seine Gefühle zu sublimieren.

In der darauf folgenden Woche zog Sascha durch etliche Kneipen in seiner Nachbarschaft und entdeckte immer wieder sein Porträt: In einem mexikanischen Restaurant fand er sich als freundliche Kaktee mit Sombrero und eine Flasche Tequila in der Hand abgebildet, die ägyptische Königin an der Wand einer Szenekneipe hätte seine Zwillingsschwester sein können, und in einer neu eröffneten Sushi-Bar war er ein trauriger Fisch. Die Ähnlichkeit war tatsächlich frappierend. Am Ende wurde Sascha fast paranoid. Ihm schien, als würden alle Leute auf der Straße ihn erkennen und mit dem Finger auf ihn zeigen: Kuck mal, da läuft der Fisch aus der Sushi-Bar. Selbst der mindestens zehn Jahre alte Drache an der Eingangstür des China-Restaurants gegenüber hatte auf einmal etwas Saschaartiges in seinem Gesichtsausdruck.

Ein anderer an seiner Stelle hätte sich geschmeichelt gefühlt, doch meinen Freund stürzte es in eine tiefe Krise. Ich empfahl ihm, mit dem Künstler offen über sein Problem zu sprechen. Zuerst weigerte sich Sascha, doch dann überlegte er es sich anders. Nach einem zunächst von gegenseitigen Vorwürfen bestimmten Gespräch einigten sich die beiden Männer: Keine weiteren Sascha-Porträts in den Bezirken Prenzlauer Berg, Mitte und Friedrichshain.

Die schreibende Gräfin

Eine erfreuliche Nachricht erreichte uns: Meine alte Moskauer Bekannte Lena ist nun Gräfin de Carli geworden und lebt in einem Schloss bei Rom. Lena war schon immer der lebende Beweis dafür, dass man mit Fleiß und Zielstrebigkeit jeden Traum verwirklichen kann. Jahrelang ging sie im *Intourist*-Hotel anschaffen, in der Hoffnung, dort ihren Prinzen zu treffen. Sie suchte ihn schon, als Pretty Woman noch auf der Schauspielschule war, sie wartete auf ihn, als die Moskauer Polizei jede Nacht auf Hurenjagd ging, sie gab auch nicht auf, als allen anderen längst klar war, dass kein normaler Prinz jemals freiwillig Russland besuchen würde. Die meisten Gäste im *Intourist* waren entweder Sexualverbrecher oder Leute, die es werden wollten. Lena überlebt sie jedoch alle.

Ab und zu erzählte sie uns perverse Geschichten aus ihrem Arbeitsalltag. Obwohl es schon über zehn Jahre zurückliegt, sind mir viele ihrer Geschichten in Erinnerung geblieben: Beispielsweise die des Schweden mit dem gekochten Hühnerei oder die des Japaners mit der Balalaika und des Jugoslawen mit dem silbernen Löffel. Nun lebt Lena aber, wie gesagt, in Rom und heißt Gräfin de Carli. Seit einem Jahr ist sie sogar Witwe. Der alte Graf konnte seine Ehe nicht lange genießen, ein Herzanfall in der Badewanne warf ihn aus dem Rennen. Seine Familie, eine der mafiösesten Italiens, machte zunächst Lena für den Unfall verantwortlich, weil sie angeblich davor schon einmal jemanden geheiratet hatte, der dann an einem Herzanfall in der Badewanne gestoben war. Die Familie wollte Rache und hätte Lena auch schon längst beseitigt, wenn nicht Julia, die Tochter und gleichzeitig einzige Erbin, gewesen wäre. So durfte Lena unbehelligt im Schloss weiter mit ihrer Tochter leben.

Mein Freund Georg und ich waren noch nie in Rom gewesen, es hatte einfach nie einen richtigen Anlass für die Reise gegeben. Doch Lena in ihrer neuen Qualität als verwitwete Gräfin zu besuchen, war uns Grund genug. Wir stiegen in einen Bus und fuhren los. Im Moskauer Flachland aufgewachsen, wurden wir in Italiens Bergen sofort seekrank. Unser Bus fuhr rauf und runter, die zwei Flaschen Weinbrand, die wir zur Rettung dabei hatten, waren schnell leer. Geschwächt und angetrunken stiegen wir in Rom aus. Im Morgennebel stürzte Georg gleich in eine Baugrube, die sich als Ausgrabungsstelle am Colosseum erwies. Etwas unterhalb spielten albanische Jugendliche Fußball. Georg wollte unbedingt mitspielen, aber die Albaner hielten das für keine gute Idee. Kurz darauf kamen einige afrikanische T-Shirt-Verkäufer. Sie behaupteten, die Grube in der Nacht zuvor eigenhändig ausgehoben zu haben, um ihre T-Shirts mit Michelangelo-Aufdruck besser verkaufen zu können. Plötzlich befanden wir uns mitten in einem internationalen Konflikt. Georg veranstaltete sofort eine Friedenskonferenz. Die Albaner gingen schließlich freiwillig nach Hause, und wir halfen den Afrikanern, einige antike Steine zur Ausschmückung der Grube zusammenzusuchen. Zum Dank und als Andenken schenkten sie uns zwei Michelangelo-T-Shirts.

Wir machten uns auf die Suche nach Lenas Schloss. Es war schon dunkel, als wir es entdeckten. Lena freute sich riesig. Müde nach der langen Reise, nahm ich erst einmal ein Bad in der Wanne, in welcher der Graf gestorben war. Anschließend zog ich auch noch seine frisch gebügelten Sachen an – davon gab es drei Wandschränke voll. Lena klagte, als Gräfin ein langweiliges Leben führen zu müssen. Sie durfte keine fremden Männer anbaggern. Die Familie ihres Mannes hatte extra einen Leibwächter für Lena engagiert, der sie von Männern fernhielt. Frustriert widmete sich Lena der Literatur, und seit einem Jahr saß sie bereits an einem erotischen Roman, in dem sie ihre Lebenserfahrungen verarbeiten wollte. Ich hatte die Ehre, der erste Leser ihres noch unfertigen Werkes zu sein. In der großen runden Marmorbadewanne liegend las ich das Manuskript, während Georg im nächtlichen Garten halbnackt Mandarinen von den Bäumen pflückte.

Der Roman handelte von einem englischen Adligen, der sich in ein armes Dorfmädchen verliebt und sie auf seine Insel im Atlantischen Ozean mitnimmt. Dort reitet der Engländer den ganzen Tag auf einem weißen Pferd herum und bringt dem Mädchen ständig frische Rosen. Langsam kommen sich die beiden näher. Als es interessant wurde, platzte jedoch der Bodyguard rein und warf Georg und mich aus dem Haus.

Das Mädchen
mit der Maus im Kopf

Viele Russen, die sich in den letzten Jahren im Prenzlauer Berg niederließen, kannte ich noch aus Moskau. Die meisten waren bildende Künstler, Musiker oder Dichter: Menschen ohne Entwicklung, die so genannte Zwischenschicht – ewig zwischen Hammer und Sichel, bereits etwas zerlumpt, aber immer noch gut drauf. Abends trafen wir uns oft bei dem einen oder anderen in der Küche und verbrachten die ganze Nacht mit Trinken und Geschichtenerzählen, wie in guten alten Zeiten. Alle hatten viel erlebt und wollten ihre Abenteuer unbedingt jemandem mitteilen. Nur Ilona, ein Mädchen aus Samarkand, erzählte nie etwas. Sie hatte im Saarland Asyl beantragt und pendelte zwischen Saarbrücken und Berlin, wo sie einem reichen Russen den Haushalt führte.

Ilona hatte noch eine merkwürdige Angewohnheit: Sie nahm nie ihre Mütze ab. Ihre Haare trug sie ganz kurz, dazu eine hässliche Brille. Eine Frau vom Typ Trockenbrot. Sie kam ständig zu unseren Sitzungen, saß immer in einer Ecke und schwieg. Manchmal stand sie auch mitten im Gespräch auf und ging ins dunkle Nebenzimmer. Doch ihre Eigenheiten fielen nicht weiter auf, weil ohnehin alle am Tisch sich selbst und die anderen für leicht schräg hielten. Trotzdem fragte jeder neue Gast Ilona erst einmal, warum sie nie ihre Mütze abnahm. Sie gab auf diese Frage immer eine plausible Antwort, die keine weiteren Fragen nach sich zog. Irgendwann stellten wir allerdings fest, dass sie jedes Mal etwas anderes erzählte. Dem einen sagte sie, sie hätte einen Autounfall gehabt und am Kopf genäht werden müssen. Dem anderen, dass der Friseur ihr eine fürchterliche Frisur verpasst hätte. Nur der Maler Petrov wollte ihr nicht die Hand geben, solange sie ihre Mütze aufbehielt. Mit dem Mädchen stimme etwas nicht, meinte er. An dem Abend lachten wir über seine Intoleranz.

Meine Freunde Sergej und Irina, ein Künstlerehepaar, verkauften erfolgreich einige Bilder, und ich kam in einem Theater unter Vertrag: Zum ersten Mal hatten wir etwas Geld übrig. Das wollten wir für einen guten Zweck verwenden und ein paar Tage wegfahren. Nach Amsterdam, wenn das ginge, oder mindestens nach Düsseldorf, wo ein Freund von uns seit mehreren Jahren in der Klapsmühle saß. Sergej und Irina hatten zwei Kinder, Sascha war damals sechs und Nicole drei. Wir kamen auf die Idee, Ilona für drei Tage als Babysitterin anzuheuern und riefen bei dem reichen Russen an, wo sie jobbte. Er hatte nichts dagegen und sie auch nicht. Wir gaben ihr etwas Geld und fuhren los. Die Reise verlief zunächst völlig problemlos, und unserem Freund in Düsseldorf ging es inzwischen auch schon viel besser. Er wurde nicht mehr von Hitlers Kindern verfolgt, und wir nahmen ihn mit nach Amsterdam. Sergej rief unterwegs mehrmals zu Hause an: Niemand meldete sich. Meine Vermutung, dass Ilona gerade mit den Kindern draußen sei, beruhigte die jungen Eltern nicht. Wir fuhren schleunigst zurück. Zu Hause fanden wir eine aufgeräumte Wohnung und lebendige, fröhliche Kinder, nur Ilona war nirgends zu finden. Sergej stellte fest, dass Ilona mit den Kindern das Bett geteilt hatte, obwohl in den anderen Zimmern noch zwei große Sofas standen. »Warum denn das?«, fragten wir Sascha. »Wir hatten Besuch!«, erklärte er stolz. Gleich nachdem wir weg gewesen waren, erzählten die Kinder, waren zehn Männer in zwei Bussen gekommen, alles Freunde von Ilona. Diese wollte ihre Bekannten überraschen und versteckte sich hinter der Gardine. Aber Sascha half den Männern, sie zu finden. Die Gäste trugen schwere Kisten in die Wohnung. Darin befanden sich Spezialwerkzeuge. Mit denen nahmen sie Ilona auseinander und holten dann eine tote weiße Maus aus ihrem Kopf. Danach setzten sie Ilona wieder zusammen, aßen in der Küche und fuhren wieder weg. Das alles erzählte uns Sascha. Seine Eltern starrten ihn ungläubig an. Ich sah aus dem Fenster. Im Hof spielte eine

Katze mit einer toten Maus. Die Geschichte fing langsam an zu wirken.

Sergej rief bei dem reichen Russen an und fragte ihn, ob Ilona bei ihm schon mal die Mütze abgenommen hätte. »Nein, nie.« »Auch nicht beim Schlafen?« »Auch nicht beim Schlafen.« Ob ihm das nicht seltsam vorkomme? »Nicht sehr.« »Ich bin auf Ilona überhaupt nicht böse«, sagte Sergej am Telefon. »Wenn sie sich meldet, sagen Sie ihr bitte, sie soll kurz vorbeikommen und mir ihren Kopf zeigen. Sonst komme ich zu ihr und schaue mir die Mäuse selbst an. Ein spezielles Werkzeug habe ich nicht, aber ein Beil tut es ja auch«, sagte er und legte auf.

Wir warteten den ganzen Tag, aber Ilona kam nicht. Schließlich kreuzte sie bei ihrem Arbeitgeber auf. Mit uns wollte sie jedoch nicht reden und wurde auf einmal sehr aggressiv. Als Sergej drohte, ihr die Mütze vom Kopf zu reißen, erzählte sie uns endlich die Wahrheit: Nachdem im Saarland ihr Asylantrag abgelehnt worden war, hatte ihr ein medizinisches Institut einen Deal vorgeschlagen. Sie sollte ihren Körper für irgendwelche ungefährlichen Experimente zur Verfügung stellen, und das Institut wollte sich im Gegenzug darum bemühen, dass Ilona eine Aufenthaltserlaubnis bekäme. Zunächst willigte sie ein. Und man implantierte ihr irgendwelche Mess- und Speicherdinger in den Kopf, dazu bekam sie Medikamente. Nach einer Weile bekam sie Angst und floh aus der Klinik. Die

Männer in der Wohnung waren laut Ilona die saarländischen Ärzte, die ihre kostbaren Geräte zurück haben wollten. Ihre verdammte Mütze nahm sie troz allem nicht ab, doch mittlerweile bestand auch keiner von uns mehr darauf.

Langweilige Russen in Berlin

Meine Kollegin, die Journalistin Helena, hat einen gefährlichen Job. Im Auftrag einer in Berlin erscheinenden russischen Zeitung schreibt sie jede Woche die Kolumne »Interessante Menschen in Berlin«. Die ganze Zeit ist Helena in der Stadt unterwegs, um die »interessanten Russen« aus den trüben Gewässern Berlins rauszufischen. Das »Interessanteste« an diesen Russen ist, dass sie sich gleich nach dem ersten Interview unsterblich in Helena verlieben und sie nicht mehr in Ruhe lassen. Die junge Journalistin interessiert sich aber eigentlich nur beruflich für die »Interessanten«, privat steht sie viel mehr auf normale ruhige Typen, die mit beiden Beinen auf dem Boden der Tatsachen stehen. »Diese ›Interessanten‹ haben alle eine Macke«, beschwert sie sich oft, »aber das macht sie wahrscheinlich interessant.«

Neulich hatte Helena wieder einen tollen Fall, Herrn Brukow. Er unterrichtet an der Volkshochschule Friedrichshain eine Disziplin, die er selbst erfunden hat. Sein VHS-Kurs trägt den Namen »Castaneda-Weg«. Dieser Weg besteht nach Angaben des

Lehrers aus drei Teilen: Der erste basiert auf den persönlichen Kampfsporterfahrungen des Herrn Brukow, die er seinerzeit bei einer Spezialeinheit des sowjetischen Innenministeriums in Magadan erwarb. Der zweite hat etwas mit Zen-Yoga zu tun, und der dritte besteht aus der Vermittlung des Lebensweges von Carlos Castaneda. Nachdem Helena sich zu einem Interview mit Herrn Brukow verabredet hatte, drehte der Lehrer voll auf. Mehrere Tage lang beschattete er ihre Wohnung im Prenzlauer Berg, angeblich, um Helena vor bösen Geistern zu schützen – tatsächlich aber wohl eher vor anderen interessanten Russen. Außerdem wollte er ihr unbedingt eine Massage verpassen, weil sie sich seiner Meinung nach absolut falsch bewegte. Es kam aber noch besser: Brukow bestand darauf, Helena seinen letzten Roman vorzulesen, der Backsteinformat und einen langen Titel hatte: »Esoterisch-wissenschaftlicher Roman aus dem außerkörperlichen Leben«. »Sie sind sicher ein sehr, sehr interessanter Mensch, Herr Brukow«, sagte Helena zu ihm, »und ich würde mich gerne öfter über die Probleme des außerkörperlichen Lebens unterhalten. Aber wenn Sie mir noch einmal an den Bauch fassen, werde ich nie wieder was über Sie schreiben.«

Ein anderer »interessanter Russe«, ein authentischer Maler aus Karaganda, folgt Helena bereits seit über einem Jahr auf Schritt und Tritt. Auch über ihn schrieb sie damals einen Artikel mit dem Titel: »Die Einsamkeit des Künstlers«. Nun hat er sogar schon ihren Briefkasten mit Blumen bemalt und an der Hauswand gegenüber in riesigen Buchstaben zweideutige Bemerkungen hinterlassen.

Und dann gibt es da noch den berühmten Hundezüchter Goldmann aus Alma Ata, der sie eines Nachts in ihrem Hausflur fast zu Tode erschreckt hatte, weil er Helena mit einer neuen gerade von ihm gezüchteten Hunderasse überraschen wollte. So wie zuvor auch schon der Briefmarkensammler Minin, der in der Welt der Philatelie eine wahre Berühmtheit darstellt und ihr unbedingt seine wertvolle Lieblingsmarke mit einem Totenschädel schenken wollte. »Warum machen ausgerechnet die interessanten Menschen so viele Umstände?«, wundert sich Helena. Seit sich der scheußliche Hund unbekannter Rasse im dunklen Flur auf sie gestürzt hatte, kann sie nicht mehr ruhig schlafen. Auch der Castaneda aus Hohenschönhausen macht ihr Sorgen. Sie hat schon sechs Faxe von ihm bekommen, in denen er ankündigt, nun endgültig den Weg des Kriegers zu gehen. Helena fühlt sich von »Interessanten Russen« geradezu umzingelt. Die Journalistin überlegt sich sogar, ihre Kolumne in der Zeitung aufzugeben oder sie in »langweilige Russen in Berlin« umzubenennen. Ich versuche, sie davon abzuhalten. Denn das wäre für die »Interessanten Menschen« eine Katastrophe. Schließlich sind sie mehr als alle anderen auf die Unterstützung der Medien angewiesen.

Deutschunterricht

Was hat uns die moderne Naturwissenschaft anzubieten? »Finden Sie die Kapazität des Schwingungskreisels...« Da kann ich nur sagen: Sucht sie doch selber und macht damit was ihr wollt! Neulich fand ich im Wartesaal eines Arztes in der *Brigitte* einen dreiseitigen Beitrag über die Quantenmechanik. Die Autorin behauptete darin, dass es laut der Quantenmechanik keine Zeit gibt. Das ist keine erfreuliche Botschaft, besonders wenn man über zwei Stunden beim Arzt im Warteraum sitzt und immer kränker wird. Mit der kalten Welt der Physik will ich nichts zu tun haben. Lieber lerne ich zu Hause weiter Deutsch – im Bett.

Seit Jahren lese ich täglich in meinem russischen Lehrbuch *Deutsches Deutsch zum Selberlernen* aus dem Jahr 1991. Ein Trost für Geist und Körper. Das Vorwort könnte allerdings manch einem Angst einjagen, denn dort wird beschrieben, wie schrecklich kompliziert diese Sprache ist: »Im Deutschen ist ›das junge Mädchen‹ geschlechtslos, die Kartoffel dagegen nicht. Der Busen ist männlich und alle Substantive fangen

mit einem großen Buchstaben an«, klagen die Russen.
Na und? Mir macht das nichts aus. Ich lese *Deutsches
Deutsch zum Selberlernen* seit etwa acht Jahren und
werde wohl noch weitere dreißig Jahre damit verbringen. Im *Deutschen Deutsch* tut sich eine andere, eine
beruhigend heile Welt auf. Den im Lehrbuch vorkom-
menden Leuten geht es saugut, sie führen ein harmo-
nisches, glückliches Leben, das in keinem anderen
Lehrbuch möglich wäre: »Genosse Petrov ist ein Kol-
lektivbauer. Er ist ein Komsomolze. Er hat drei Brüder und eine Schwester. Alles Komsomolzen. Genosse
Petrov lernt Deutsch. Er ist fleißig. Die Wohnung des
Genossen Petrov liegt im Erdgeschoss. Die Wohnung
ist groß und hell. Genosse Petrov lernt Deutsch. Diese
Arbeit ist schwer, aber interessant. Er steht pünktlich
um sieben Uhr morgens auf. Er isst immer in der Kantine zu Mittag. Das Wetter ist immer gut. Am Sonntag
geht er mit den Kameraden ins Kino. Der Film ist
immer gut. Kommst du? Ich komme ganz bestimmt.
Du bist krank. Wir trinken lieber Tee. Es ist angenehm,
im Wald spazieren zu gehen. Wir sind für den Frieden.
Wir sind gegen den Krieg. Nehmen Sie diese Bücher
für Ihre Kinder!«

Wenn ich zu lange in dem Lehrbuch lese, kommt
mir Genosse Petrov manchmal fast unglaubwürdig
vor. Dann lege ich das Buch zur Seite und lese zur Ab-
wechslung *Deutsch 2 für Ausländer,* ein deutsches Lehrbuch vom Herder-Institut, Leipzig 1990: »Der Berg

Fichtelberg ist der höchste Berg der DDR. Seine Höhe beträgt 1214 Meter. Trotz Emigration, Krankheit, Not und Gefahr war Karl Marx ein glücklicher Mensch, weil er …« Langsam versinke ich in Schlaf. Ich träume, wie Karl Marx, Genosse Petrov und ich zu früher Stunde auf dem Berg Fichtelberg stehen. Das Wetter ist gut, die Sicht ist klar. Die Sonne geht auf und gleich wieder unter, die speckigen Flamingos ziehen langsam nach Süden. Wir unterhalten uns auf Deutsch. »Ich habe eine sehr schöne Wohnung», sagt Karl Marx. »Sie ist groß und hell. Ich bin glücklich.«

»Ich auch«, sagt Genosse Petrov.

»Und ich auch«, flüstere ich vor mich hin.

Der Sprachtest

Eine große Einbürgerungswelle steht vor der Tür. Bald werden viele Ausländer dem »Deutschland«-Verein angehören, wenn man den Zeitungen glauben darf. Auch viele meiner Landsleute spielen mit dem Gedanken, ihren Fremdenpass umzutauschen und richtige deutsche Bürger zu werden. Die Eintrittsregeln sind bekannt: Man füllt einige Formulare aus, bringt einige Bescheinigungen mit – aber Achtung! Wie bei jedem großen Verein gibt es auch hier versteckte Fallen und Unklarheiten. Viele Russen, die schon länger hier leben, können sich noch gut daran erinnern, wie es damals mit dem Eintritt in die Partei war. Der war scheinbar auch ganz einfach: Jeder, der zwei Jahre kandidiert und gut gearbeitet hatte, durfte Mitglied werden. Doch nur die wenigsten sind es geworden. Mein Vater zum Beispiel hatte in der Sowjetunion dreimal versucht, in die Partei einzutreten, immer vergeblich. Jetzt will er in Deutschland eingebürgert werden. Seit acht Jahren lebt er hier, und diesmal will er sich seine Chancen nicht durch Unwissenheit vermasseln. Die schlauen Russen haben auch bereits herausgefunden, was bei der Einbürgerung die entscheidende Rolle spielt: der neue geheimnisvolle Sprachtest für Ausländer, der gerade in Berlin eingeführt wurde. Mit seiner Hilfe will die Staatsmacht beurteilen, wer Deutscher sein darf und wer nicht. Das Dokument wird zwar noch geheim gehalten, doch einige Auszüge davon landeten trotzdem auf den Seiten der größten russischsprachigen Zeitung Berlins.

Diese Auszüge schrieb mein Vater sogleich mit der Hand ab, um sie gründlich zu studieren. Denn jedem Kind ist wohl klar, dass es bei dem Sprachtest weniger um die Sprachkenntnisse als solche geht, als um die Lebenseinstellung des zukünftigen deutschen Bürgers. In dem Test werden verschiedene Situationen geschildert und dazu Fragen gestellt. Zu jeder Frage gibt es drei mögliche Antworten. Daraus wird dann das psychologische Profil des Kandidaten erstellt.

Variante I: Ihr Nachbar lässt immer wieder spätabends laut Musik laufen. Sie können nicht schlafen. Besprechen Sie mit Ihrem Partner das Problem und überlegen Sie, was man tun kann.

Warum stört Sie die Musik?

Gibt es noch andere Probleme mit dem Nachbarn?

Welche Vorschläge haben Sie, um das Problem zu lösen?

Dazu verschiedene Antworten, a, b und c. Unter c steht »Erschlagen Sie den Nachbarn«. Darüber lacht mein Vater nur. So leicht lässt er sich nicht aufs Kreuz legen.

Variante II: Der Winterschlussverkauf (Sommerschluss-
verkauf) hat gerade begonnen. Sie planen zusammen mit
Ihrem Partner einen Einkaufsbummel.

Wann und wo treffen Sie sich? Was wollen Sie kaufen?
Warum wollen Sie das kaufen?

Mein Vater ist nicht blöd. Er weiß inzwischen genau,
was der Deutsche kaufen will und warum.

Doch die dritte Variante macht ihm große Sorgen,
da er den Subtext noch nicht so richtig erkennen kann.

Variante III: »Mit vollem Magen gehst du mir nicht ins
Wasser, das ist zu gefährlich«, hören Kinder häufig von
ihren Eltern. Wer sich gerade den Bauch voll geschlagen
hat, sollte seinem Körper keine Hochleistungen abfordern.
Angst vor dem Ertrinken, weil ihn die Kräfte verlassen,
braucht allerdings keiner zu haben.

Schwimmen Sie gern?
Haben Sie danach Gesundheitsprobleme?
Was essen Sie zum Frühstück?

Diesen Text reichte mir mein Vater und fragte, was
die Deutschen meiner Meinung nach damit gemeint
haben könnten?. O-o, dachte ich, das ist ja ein richtig
kompliziertes Ding. Den ganzen Abend versuchte ich,
Variante III zu interpretieren. Danach wandte ich
mich an meinen Freund Helmut, der bei uns in der
Familie als Experte in Sachen Deutschland gilt. Doch
selbst er konnte den Text nicht so richtig deuten. Ich
habe bereits so eine Vorahnung, dass mein Vater bei
dem Sprachtest durchfallen wird.

Warum ich immer noch
keinen Antrag auf Einbürgerung
gestellt habe

Jede Nacht entstehen bei uns an der Schönhauser Allee, Ecke Bornholmer Straße, neue, immer größere Gruben. Sie werden von Vietnamesen ausgehoben, die diese Ecke als Geschäftsstelle für den Zigarettenverkauf gewählt haben. So vermute ich zumindest, seit ich sie dort wiederholt im Morgengrauen mit Schaufeln in der Hand gesehen habe: zwei Männer und eine sehr nette Frau, die seit Jahren eine geschäftsführende Rolle an dieser Ecke spielt. »Warum graben die Vietnamesen? Beschaffen sie sich neue Lagerräume für ihre Ware?«, überlegte ich auf dem Weg zum Bezirksamt und Herrn Kugler. Es ging wieder einmal darum, die deutsche Einbürgerung zu beantragen, schon zum dritten Mal. Ärgerlich. Das erste Mal lief alles wie am Schnürchen, ich hatte alle Fotokopien dabei, meine wirtschaftlichen Verhältnisse waren geklärt, alle meine Aufenthaltszeiten und -orte seit der Geburt aufgezählt, die DM 500,– Gebühren akzeptiert und sämtliche Kinder, Frauen und Eltern aufgelistet. Zwei Stunden lang unterhielt ich mich mit Herrn Kugler über den Sinn des Lebens in der BRD, doch dann scheiterte ich an der einfachen Aufgabe, einen handgeschriebenen Lebenslauf anzufertigen. Er sollte unkonventionell, knapp und ehrlich sein. Ich nahm einen Stapel Papier, einen Kugelschreiber und ging auf den Flur. Nach ungefähr einer Stunde hatte ich fünf Seiten voll geschrieben, war aber immer noch im Kindergarten. »Es ist doch nicht so einfach, mit dem handgeschriebenen Lebenslauf«, sagte ich mir und fing von vorne an. Am Ende hatte ich drei Entwürfe, die alle interessant zu lesen waren, aber im besten Falle bis zu meiner ersten Ehe reichten. Unzufrieden mit mir selbst ging ich nach Hause. Dort versuchte ich, mir den Unterschied zwischen einem Roman und einem handgeschriebenen, unkonventionellen Lebenslauf klar zu machen.

Beim nächsten Mal scheiterte ich an einem anderen Problem. Ich sollte in einem mittelgroßen Quadrat Gründe für meine »Einreise nach Deutschland« angeben. Ich strengte mein Hirn an. Mir fiel aber kein einziger Grund ein. Ich bin 1990 absolut grundlos nach Deutschland eingereist. Abends fragte ich meine Frau, die für alles einen Grund weiß: »Warum sind wir damals überhaupt nach Deutschland gefahren?« Sie meinte, wir wären damals aus Spaß nach Deutschland gefahren, um zu sehen, wie es war. Aber mit solchen Formulierungen kamen wir doch nicht weiter. Der Beamte würde denken, dass wir die Einbürgerung auch nur aus Spaß beantragten und nicht aus… »Wozu beantragen wir eigentlich die Einbürgerung?«, wollte ich meine Frau noch fragen, aber sie war schon zur Fahrschule gegangen, um ein paar alten Damen, die sich auf der Straße aufhielten, Angst einzujagen und reihenweise Fahrschullehrer verrückt zu machen. Meine Frau hat eine sehr unkonventionelle Fahrweise. Aber das ist eine andere Geschichte.

Ich gab dann vorsichtig »Neugierde« als Grund für unsere Einreise nach Deutschland an, das schien mir vernünftiger zu klingen als »Spaß«. Dann schrieb ich meinen Lebenslauf mit der Hand vom Computerbildschirm ab. Alles zusammen tat ich in eine Mappe und ging am nächsten Tag wieder zu Herrn Kugler. Es war noch sehr früh und dunkel, aber ich wollte unbedingt der Erste sein, weil der Beamte im Standesamt mehr als einen Ausländer pro Tag nicht schafft. Da sah ich die Vietnamesen: Sie gruben schon wieder! Ich trat näher. Zwei Männer standen mit frustrierten Gesichtern mitten in einem großen Loch, die Frau stand daneben und beschimpfte die beiden auf Vietnamesisch. Die Männer verteidigten sich träge. Ich sah in die Grube. Es war nur Wasser drin. Auf einmal wurde mir klar, was hier vorging: Die Vietnamesen hatten vergessen, wo sie ihre Zigaretten vergraben hatten und suchen sie jetzt überall – vergeblich.

Plötzlich kam Wind auf, meine Papiere fielen aus der Mappe und landeten in der Grube: der sorgfältig handgeschriebene Lebenslauf, all die Gründe für meine Einreise nach Deutschland, der große Fragebogen mit meinen wirtschaftlichen Verhältnissen – alles flog in die nasse Grube. Ich werde wohl nie die Einbürgerung bekommen. Aber wozu auch?

Buch

Berlin ist schon eine ganz besondere Stadt. Da gibt es die Griechen, die Italienisch sprechen, weil sie eine Pizzeria betreiben; da ist Katja, die mittels Meskalinkakteen Geist und Körper voneinander löst, bis beide in getrenntem Zustand in die Psychiatrie eingeliefert werden müssen. Da ist Klaus, der dank der Radiosendung »Russisch für Kinder« seine Sprachkenntnisse erweitern will und bei seinem ersten Besuch in Moskau hinter Gittern landet. Und da ist Wladimir Kaminers Vater, der sich mit 68 Jahren entschließt, nach Deutschland auszuwandern, wo er schon bald die Herausforderungen des russischen Alltags vermisst und zum Ausgleich beschließt, sich als Fahrschüler dem Überlebenskampf im Straßenverkehr zu stellen ...

»Nie etwas ausdenken, sondern dem Leben vertrauen«, so lautet das Motto von Wladimir Kaminer. Und seine wundervollen, mit Charme und unvergleichlichem Humor erzählten Geschichten geben ihm immer wieder aufs Neue Recht. Dass er sie nicht in seiner Muttersprache verfasst, ist im Übrigen dem russischen Lehrbuch »Deutsches Deutsch zum Selberlernen« zu verdanken, das mit seinen Lektionen um den glücklichen Komsomolzen Petrov den Grundstein für Kaminers Sprachkenntnisse legte.

Autor

Wladimir Kaminer wurde 1967 in Moskau geboren. Er absolvierte eine Ausbildung zum Toningenieur für Theater und Rundfunk und studierte anschließend Dramaturgie am Moskauer Theaterinstitut. Seit 1990 lebt er mit seiner Frau und seinen beiden Kindern in Berlin. Kaminer veröffentlicht regelmäßig Texte in verschiedenen deutschen Zeitungen und Zeitschriften, hat eine wöchentliche Sendung beim SFB4 Radio MultiKulti, organisiert im *Kaffee Burger* Veranstaltungen wie seine inzwischen weithin bekannte »Russendisko«, und er moderiert regelmäßig im WDR die Sendung »Kaminers Klub: lesen, talken, rocken«. Mit seiner Erzählsammlung »Russendisko« avancierte das kreative Multitalent über Nacht zu einem der beliebtesten und gefragtesten Autoren in Deutschland.

Von Wladimir Kaminer bisher erschienen:
Militärmusik. Roman (45570) · Die Reise nach Trulala (gebundene Ausgabe, Manhattan, 54542) · Schönhauser Allee. Erzählungen (54168) · Frische Goldjungs. Hrsg. Von Wladimir Kaminer. Erzählungen von Wladimir Kaminer, Falko Hennig, Jochen Schmidt u.v.a. (54162) · Helden des Alltags. Erzählungen, mit Photos von Helmut Höge (45183) · Mein deutsches Dschungelbuch (gebundene Ausgabe, 54554)

WLADIMIR KAMINER

Russendisko